LE ROI DAGOBERT

PAR LUCIEN DOUBLE

AVANT-PROPOS

C'est pour les rois un bien rare privilège que d'être restés vivants dans la mémoire populaire ; le flot rapide des âges engloutit bientôt leur souvenir ; les lettrés ou les écoliers seuls savent leurs noms, appris le plus souvent en rechignant, à grand'peine, à grand effort de mémoire, de *pensum* et d'ennui. Bienheureuses au contraire les figures historiques aimées du vrai peuple ; pour retenir leurs noms, il n'a fallu qu'un sourire ou qu'une chanson ; mais ces figures-là sont rares parmi les rois ; dans notre vieille histoire monarchique je n'en trouve que deux : celle d'Henri IV, le rusé Gascon, le bon compagnon aux coudes percés comme le cœur, et celle de notre compatriote, l'enfant de Paris Dagobert, roi de banlieue, monarque de faubourg, vivant gaiement à Clichy, à Épinay, à Saint-Ouen, comme un bourgeois retiré.

Ah ! ne me parlez pas de ces rois inconnus du peuple, des Louis, des Charles, des Philippe quelconques ; le peuple aime qui l'aime : *vox populi, vox Dei* ; il est resté fidèle à la mémoire de ceux qui l'ont aidé et protégé. Sans se préoccuper qu'on en ait fait ou non des saints, comme pour le morose saint Louis ou pour le rouge et sanglant Teuton, l'épais boucher Charlemagne, il n'aime que les bons vivants, les clairs esprits, justes, sensés. Peu lui chaut qu'à l'exemple de Salomon, ils aient un peu fourragé dans les myrtes ou même festonné dans les vignes ; s'ils ont beaucoup chéri de belles, c'est que leur cœur était chaud, leur sang bouillant, leur âme ouverte ; si la bouteille avait pour eux des charmes, le mal n'était pas bien grand. Jamais du moins Henri IV ne brûla vifs de pauvres hérétiques comme le fit Robert le Pieux ; jamais du moins Dagobert, s'il s'obstinait, malgré saint Amand, à épouser la femme qu'il aimait, jamais, disons-nous, Dagobert ne s'entêta en d'autres matières. Toujours, au contraire, il sut, véritable précurseur des monarques constitutionnels, écouter avec déférence, même en des matières fort intimes, les sages conseils de son ministre responsable, le célèbre saint Éloi.

Cependant, en écrivant la vie du bon roi par excellence, sacré tel par la complainte légendaire, plus indestructible que l'histoire, il faut se garder de bien des entraînements. Qu'on n'aille pas s'imaginer, comme la chanson voudrait le faire croire, que Dagobert fut simplement un bon vivant à rouge trogne, aveuglément mené par son entourage ; non, c'était un fort rusé personnage, dans le genre de son collègue Henri IV, digne d'être comme lui Gascon ; il avait de larges idées, voyait loin et faisait grand ; son empire, dont la chanson ne parle pas, était aussi vaste que celui de Charlemagne. Dagobert avait l'âme d'un César ; malheureusement pour lui, il n'avait pas pour sujets, comme un *imperator* de Rome, la foule docile des vieux peuples façonnés au joug de longue date par les Scipions et les Marius, les Sylla et les Pompée. Aussi haut que le sceptre doré du roi, le leude levait l'épée d'acier, l'évêque la crosse endiamantée ; dès qu'il eut atteint l'âge d'homme, il eut, comme la grande ennemie de son père, la fière Brunehaut, à lutter à la fois contre la double aristocratie du clergé et des grands. Néanmoins il resta le maître ; par lui régna la justice, régnèrent l'ordre, la paix publique, et, frémissants, les chefs austrasiens, pour asservir la royauté au joug de leurs maires carolingiens, durent attendre qu'il mourût. Du

reste, il mourut jeune, à trente-cinq ans. Après lui, ce fut fait de sa race ; rapidement, les rois fainéants, vains fantômes, suivant le caprice des héritiers d'Arnoul et de Pépin, apparaissent et disparaissent ; c'en est fait du vieux sang de Clovis : les rois des Francs vont s'éclipser de la scène historique jusqu'au règne timide des premiers Capétiens, et sur les ruines, cette fois complètes, du vieux monde gallo-romain, vont peser de leur poids écrasant, sur les corps comme sur les âmes, ces deux formidables puissances, debout encore aujourd'hui, l'empereur d'Allemagne et le pape de Rome.

Nous allons donc tâcher, ami lecteur, de faire revivre à vos veux le véritable Dagobert. Sans abonder, les documents ne manquent pas ; nous parcourrons, en choisissant, en écartant ou en expliquant le fabuleux, les chroniques négligées, les vies des saints contemporains. Nous tâcherons qu'après avoir achevé ce petit volume, Dagobert vous apparaisse nettement, tel qu'il était, avec ses qualités et ses défauts ; ne m'en voulez pas, si vous le trouvez un peu différent peut-être de cette figure des imageries populaires, à couronne dorée, à longue robe rouge, à 'grande barbe rousse, qu'au temps des vendanges les buveurs attardés aux cabarets de Clichy ou de Saint-Ouen entrevoient souriant dans les pampres, tandis qu'au loin, dans les vignes qui s'obscurcissent, dans les tonnelles qui s'éclairent, s'envole au milieu des rires, vers les étoiles souriantes aussi, par un beau soir de dimanche, la chanson du roi Dagobert.

<h1 style="text-align:center">SOURCES CONSULTÉES[1].</h1>

Bréquigny et Pardessus. Chartres et diplômes.

Fredegarii Chronicon.

Gesta regis Dagoberti.

> Ouvrage trop négligé, sans doute à cause du mépris que lui a témoigné Adrien de Valois, ce lourd compilateur du dix-septième siècle, chez qui ont puisé la plupart des auteurs modernes. L'auteur anonyme des *Gesta Dagoberti* est un moine de Saint-Denis. Adrien de Valois le traite de *fabulator* ; il est vrai que les *Gesta Dagoberti* renferment de nombreux récits de miracles, mais tous les historiens de cette époque sont dans le même cas, et Adrien de Valois lui-même est quelquefois en ces matières aussi *fabulator* que le moine de Saint-Denis.

Gesta regum Francorum.

Aimoini de gestis regum Francorum Chronicon.

Chroniques de Saint-Denis.

Hermani monachi Chronicon.

> Courte chronique écrite vers l'an 1000.

Sigeberti Gemblacensis monachi Chronicon.

> La Chronique de Sigebert de Gembloux est un ouvrage quelquefois peu exact, elle a été composée vers l'an 1100.

Vita sancti Arnulfi, episcopi Mettensis.

> Vie de saint Arnoul, évêque de Metz, par un moine anonyme contemporain.

Vita sancti Eligii.

> Vie de saint Éloi par saint Ouen, son ami et son contemporain.

Vita sancti Audœni, Rothom. episc.

> Vie de saint Ouen, évêque de Rouen, écrite vers l'époque de Charles-Martel.

Vita sancti Faronis, episc. Meldensis.

> Vie de saint Faron, évêque de Meaux, par Hildegaire (neuvième siècle).

Vita sancti Amandi, Trajectensis episcopi.

> Vie de saint Amand, évêque de Maëstricht, par Beaudemond, moine contemporain.

Vita sancti Sulpitii, episc. Bituricensis.

> Vie de saint Sulpice, évêque de Bourges, par un auteur très probablement contemporain.

Vita sancti Richarii, abb. Centulensis.

> Vie de saint Ricquier, abbé de Centule, près Crécy, écrite par Alcuin.

Vita sancti Pauli, episc. Virdunensis.

---

[1] Fidèle à notre principe de remonter toujours aux sources primitives, nous n'avons eu recours pour cette histoire de Dagobert qu'à des documents autant que possible rapprochés de l'époque où vivait notre héros.

Vie de saint Paul, évêque de Verdun, par un anonyme du dixième siècle.

Miracula sancti Martini, abbatis Vertavensis.

Miracles de saint Martin, abbé de Vertou sur la Sèvre, par un moine de l'abbaye de Vertou.

Vita sancti Sereni. (Apud Duchesne, *hist. Franc.*)

La vie de saint Sérénus est un très important document, le seul qui fasse mention de la révolte des Austrasiens contre Dagobert.

Beaucoup d'autres Vies de saints parlent de Dagobert, mais les faits qu'elles rapportent à la plus grande gloire de leurs pieux héros sont si évidemment faux qu'elles ne sont malheureusement d'aucun secours pour l'histoire.

Citons, comme exemple du genre historique de ces pieuses élucubrations, la *Vita sancti Aurei et sociorum*, qui donne la lèpre à Dagobert, afin de pouvoir faire coucher le roi sur le tombeau de saint Auréus, ce qui le guérit à l'instant.

La Vie de saint Guilhain, celle de saint Lietphard, la chronique de sainte Rictrude, etc., sont pleines de contes semblables.

La chronologie de l'époque mérovingienne est souvent assez embrouillée ; nous avons suivi celle de Dom Bouquet dans sa collection des *Historiens des Gaules*.

NOTICE SUR LA CHANSON DU ROI DAGOBERT.

Malgré les plus consciencieuses recherches, nous n'avons pu trouver positivement l'origine de cette célèbre chanson ni l'époque à laquelle elle remonte ; M. Leroux de Lincy, dans sa *Notice des chansons populaires* (Paris, 3 vol., 1840, chez Delloye), n'a pas été plus heureux que nous. Les anachronismes y fourmillent, mais il est bien évident qu'ils sont cherchés. Il est certain que le texte primitif de la chanson a été fort altéré ; on s'en est servi comme de canevas, et beaucoup de couplets ont été changés ; quelques-uns ont dû même être intercalés à des époques postérieures.

Nous avons fait cependant une petite découverte qui mettrait peut-être au moins sur la trace du lieu d'origine. Un couplet fort ancien, et qui manque aux quelque quarante textes que nous avons sous les yeux, est ainsi conçu :

> Quand son trésor fut à sec,
> Il vint à l'étang de Méobec (prononcez Mobec) ;

puis, Dagobert, liant ses chiens par le cou, les jette à l'eau en leur disant :

> Allez, mes bons amis,
> Allez voir au fond si j'y suis.

Ce couplet est cité incidemment au bas d'un article sur la Brenne, paru dans la *Revue de Paris*, t. XXVII, p. 187, année 1841. Il est en flagrante opposition avec le vieux proverbe : Il n'est si bonne compagnie qui ne se quitte, disait en mourant Dagobert à ses chiens. Mais, indice précieux, la désignation précise d'un lieu aussi peu important que l'étang de Méobec, qui ne peut être évidemment connu que dans la province où il est situé, c'est-à-dire dans la Brenne, nous ferait croire que c'est de là que vient la chanson du roi Dagobert. Ce qui confirmerait cette opinion, c'est que l'abbaye de Méobec fut précisément fondée par Dagobert (Voir Chartes et diplômes de Bréquigny). L'abbaye de Méobec dépendait du célèbre monastère de Saint-Cyran.

Tombée presque dans l'oubli pendant la révolution, sans doute comme manquant de civisme, la vieille chanson eut un regain de succès dans les premiers temps de l'empire et pendant les beaux jours du Caveau. Elle eut même sous Napoléon Ier les honneurs de la persécution, ce qui la remit fort à la mode auprès des libéraux. En 1812, après la retraite de Russie, l'empereur eut le désagrément d'entendre fredonner sur son passage le couplet suivant :

> Le roi faisait la guerre,
> Mais il la faisait en hiver,
> Le grand saint Éloy
> Lui dit : O mon roi,
> Votre Majesté se fera geler.
> C'est vrai, lui dit le roi,
> Je m'en vais retourner chez moi.

Quelques personnages facétieux ayant médité l'immortel bulletin qui commençait par annoncer la destruction de l'armée, le désastre de la Bérésina, et finissait, sans doute pour consoler les mères et les veuves, par annoncer que du reste la santé de Sa Majesté n'avait jamais été meilleure, quelques personnages facétieux, disions nous, remplaçaient

> Votre Majesté se fera geler

par :

Votre Majesté nous fera geler.

Napoléon fut très irrité de cette irrévérencieuse application de l'histoire mérovingienne à sa propre personnalité ; pendant plusieurs mois, la police impériale traqua les chanteurs du Roi Dagobert, dont l'air même fut sévèrement interdit.

Cet air est une très ancienne fanfare de chasse au cerf, fort usitée il y a quelques centaines d'années, dans les forêts des bords de la Loire, principalement dans la Touraine et l'Anjou, ainsi que dans le Poitou.

Méobec est en Brenne, dans l'Indre, par conséquent dans le Poitou. Ce serait décidément peut-être bien de ce côté qu'il faudrait chercher l'origine de la chanson du *bon roi Dagobert*.

I

La jeunesse de Dagobert. Sudragésile et Dagobert. Influence d'Arnoul.
Dagobert, roi d'Austrasie, 622.

Depuis que le roi Clotaire II était devenu, par suite de la défaite et du trépas de Brunehaut, le seul maître de tous les États francs, il s'était, à l'exemple de Clovis, épris d'un grand amour pour les environs de Paris, de ce Paris reconnu, dès le temps de l'empereur Julien, comme le centre véritable des Gaules. Les villas royales étaient nombreuses autour de la vieille capitale des *Parisii* ; outre le palais de la Cité et l'antique habitation impériale, située sur le versant nord de la montagne Sainte-Geneviève et connue sous le nom de palais des Thermes, les Mérovingiens possédaient dans un périmètre de quelques lieues une grande quantité de domaines royaux ; les principaux étaient ceux de Lagny, de Reuilly, d'Aubervilliers, d'Écouen, de Noisy-sur-Marne, de Rueil, de Brunoy, d'Essonne, de Meudon, de Vanvres, de Vaugirard, de Cernay-près-Sannois, de Chelles, d'Épinay-sur-Seine, de Garges, d'Issy, et enfin de Clichy (*Clippiacum*)1, dont le territoire allait de la voie romaine de Catuliacum — à peu près la grande route de Saint-Denis actuelle — jusqu'aux lisières de la forêt de Rouvray — bois de Boulogne, alors beaucoup plus considérable que maintenant.

Un jour de l'année 617 ou 618, cette dernière villa de *Clippiacum* ou de Clichy était en grande rumeur : le roi Clotaire et sa femme, la reine Bertrade, étaient partis depuis quelques jours à l'occasion des grandes chasses d'automne, laissant à Clichy leur jeune fils Dagobert, dont l'éducation était confiée à l'évêque de Metz, Arnoul2. Dagobert ne paraît pas avoir éprouvé une bien vive affection pour le saint personnage que la volonté paternelle lui avait imposé comme gouverneur ; mais Arnoul était l'ami nécessaire du roi Clotaire ; c'était grâce à l'évêque de Metz que le fils de Frédégonde avait pu triompher de Brunehaut, et le royal obligé n'avait pas osé refuser au chef de la toute-puissante aristocratie austrasienne la faveur sollicitée par lui d'élever et d'instruire à sa guise l'unique héritier du trône. Malgré toutes les prières de Dagobert, Arnoul était resté en possession de cette charge de confiance.

Arnoul, sûr de sa puissance, se préoccupait donc peu de plaire ou de déplaire à Dagobert ; il voulait au contraire habituer son élève à le craindre et à lui obéir ;

---

1 On ne sait pas au juste à quel point des territoires de Clichy ou de Saint-Ouen était située la villa royale de *Clippiacum*. Plusieurs auteurs, depuis Adrien de Valois jusqu'au regretté M. Léopold Pan-nier, de la Bibliothèque nationale, ont cherché à élucider ce point de géographie mérovingienne. Mais nous ne croyons pas que personne ait pu arriver à la certitude absolue en ce qui concerne la place exacte où était le palais proprement dit de Dagobert. Quant aux terres dépendant de la villa, elles s'étendaient entre la Seine et les collines qui dominent Paris au nord-ouest, les coteaux du Roule, de Monceaux, de Montmartre, depuis Neuilly jusqu'à Saint-Denis.
La villa de Clichy, abandonnée par les Carolingiens, fut cédée par Charles-Martel aux moines de Saint-Denis qui la destinèrent à fournir leur table de volailles entre Pâques et Non (Voir Doublet, *Histoire de l'abbaye de Saint-Denis.*)
2 Nous avons déjà parlé avec détail de ce triste personnage ainsi que de son compère Pépin, dit le Vieux, dans notre ouvrage sur Brunehaut, auquel nous prenons la liberté de renvoyer le lecteur.

bref, il travaillait à en faire pour l'avenir un docile instrument, comme le furent plus tard aux mains des descendants d'Arnoul les fils dégénérés de Dagobert.

Le jeune prince avait surtout une haine profonde contre un rude duc franco-aquitain, de manières brutales, de formes grossières, ayant toujours la menace à la bouche et la main levée, le duc Sudragésile, qu'Arnoul lui avait imposé comme précepteur. Or, ce jour-là, en l'absence d'Arnoul, Sudragésile et Dagobert mangeant à la même table, le duc, peu respectueux de sa nature, arracha brusquement des mains du jeune prince, à la grande indignation des assistants, comtes et serviteurs, une coupe que celui-ci portait à ses lèvres et la vida d'un trait, par manière de raillerie. C'était une violente injure : Dagobert bondit : profitant de l'exaspération qui règne autour de lui, il ordonne à ses serviteurs de s'emparer de Sudragésile, de le frapper à coups de verges et de lui raser les cheveux et la barbe, le plus grand affront qu'on pût faire à un noble franc. Le duc n'était pas aimé ; on s'empressa d'obéir ; mais, par malheur, à peine les dernières boucles de la chevelure de Sudragésile tombaient-elles sous les ciseaux des fidèles de Dagobert, que l'on signala la venue du roi Clotaire qui arrivait en compagnie d'Arnoul. Redoutant à bon droit la colère du roi et surtout celle de l'évêque de Metz, tous les domestiques du palais se dispersèrent en grande hâte, et Dagobert lui-même, réfléchissant un peu tard aux conséquences brutales de sa hardiesse, s'esquiva et gagna la campagne au plus vite.

Mais, une fois hors de la villa, où aller, quel refuge trouver assez sûr pour y être à l'abri de la colère paternelle ? Et Dagobert cherchait avec anxiété : une idée soudaine lui vient à l'esprit, il se rassérène ; il connaît maintenant l'asile assuré qu'il lui faut, et, désormais sans inquiétude, il poursuit allègrement sa route.

Tout près de la villa de Clichy, il y avait un petit hameau composé de quelques cabanes de bûcherons et de cultivateurs, d'une villa gallo-romaine en ruine et d'un oratoire délabré, le tout nommé, à cause de sa situation sur la grande voie impériale qui menait de Paris vers le Nord et du souvenir de la matrone Catulia, la *rue Catulienne*.

L'année d'avant, Dagobert chassait un cerf dans la forêt de Rouvray ; l'animal, après une longue course, était sorti des bois, avait traversé toute la plaine qui s'étendait de la métairie Villaris (aujourd'hui Villiers), dépendance de Clichy, jusqu'à la *rue Catulienne*, et, trouvant ouvertes les portes du petit oratoire du hameau, il était venu tomber, haletant, épuisé, sur les dalles qui recouvraient les ossements de saint Denis et de ses deux compagnons, saint Rustique et saint Eleuthère. Et alors, ô prodige, les chiens qui poursuivaient leur proie, tout jappant, tout écumant, qui se précipitaient à sa suite dans la chapelle, subitement s'arrêtent, comme changés en pierre ; de loin les chasseurs les voient et, ne comprenant rien à cet arrêt soudain, pressent leurs montures, sautent à bas de leurs selles et vont se jeter dans la chapelle, quand eux aussi se sentent attachés à terre par une force invincible ; un invisible bras semble les repousser de l'enceinte sacrée. Dagobert comprend qu'il y a là quelque chose de miraculeux, tombe à genoux, adore le grand saint qui vient de manifester ainsi sa puissance et s'en retourne tout pensif au palais royal de Clichy.

C'était dans cet oratoire qu'après son attentat irrespectueux envers la dignité de son précepteur, Dagobert venait de se résoudre à chercher asile. Son attente, sa confiance en saint Denis ne furent pas trompées : en vain les envoyés de Clotaire et d'Arnoul, en vain Clotaire et Arnoul eux-mêmes essayèrent-ils de pénétrer dans l'oratoire de saint Denis. Ce fut à tous chose impossible, et Dagobert triomphant put faire ses conditions, rentrer à la villa paternelle, sans avoir à craindre une de ces redoutables corrections dont les précepteurs mérovingiens étaient généralement prodigues.

Il est probable que les chiens courants de Dagobert, vigoureusement fouaillés quand d'aventure ils entraient dans les appartements royaux, avaient trouvé que la chapelle ressemblait fort à la demeure de leurs maîtres, et n'avaient pas, pour cette raison, osé y pénétrer. Quant aux hommes, la crainte de commettre un sacrilège, l'émotion, le respect et même la terreur secrète que leurs âmes naïves éprouvaient, sans en avoir conscience, en entrant dans les lieux consacrés, considérés comme des refuges dont la violation était toujours punie par les saints, suffisent pour expliquer qu'ils n'aient osé pénétrer dans un oratoire ni pour y verser le sang d'un pauvre animal, ni pour en arracher un réfugié.

A la suite de cet événement, Dagobert fut regardé par tout le monde comme placé sous la protection spéciale de saint Denis ; Arnoul lui-même changea quelque peu son système d'éducation, et paraît s'être dès lors attaché à gagner la confiance et l'amitié du jeune prince.

Malheureusement pour celui-ci, la reine Bertrade, sa mère, quoique jeune encore, vint à mourir quelque temps après. C'était une femme douce, généralement aimée, et que son mari chérissait. Mais les rois mérovingiens avaient horreur du veuvage ; après une semaine ou deux données au deuil et aux larmes, Clotaire s'éprit d'une jeune fille, nommée Sichilde, d'une grande famille d'Aquitaine, et les mauvais jours recommencèrent pour le pauvre Dagobert, sous l'influence de la nouvelle marâtre.

Arnoul comprit que le moment était venu d'agir ; l'avenir était à Dagobert ; il ne fallait pas songer, le passé l'avait prouvé, à soumettre par la crainte cette nature déjà fière, ce protégé de saint Denis. Il était plus habile de gagner le jeune prince par des bienfaits, de se l'attacher par la reconnaissance. Arnoul va faire de l'adolescent oublié et négligé un roi heureux et puissant, à la condition, bien entendu, que lui, Arnoul, sera le ministre dirigeant du nouveau monarque.

Et alors, voici que tout à coup les chefs austrasiens se sentent repris d'un bel amour de l'indépendance et de l'autonomie ; ils ne veulent plus que l'Austrasie, la guerrière nation, soit confondue avec la Neustrie pacifique ou la Bourgogne mercantile ; il leur faut un roi Pour eux seuls, une cour au milieu d'eux, il faut que leurs palais, depuis longtemps déserts, retentissent du bruit de nouveaux festins et de nouvelles orgies, et qu'un jeune chef les conduise à de nouvelles guerres, à de nouvelles aventures. Ils ne veulent plus du pacifique Clotaire, devenu avare comme un vieux Cahorsin, qui rend la liberté à des peuples conquis pour quelques milliers de sous d'or. Ils veulent un maître qui, au lieu de s'enfermer dans une chambre close pour compter ses sacs de *triens* ou de *quinaires*, campe avec eux sur les rives des fleuves allemands, au fond des forêts germaniques et qui, méprisant le long bâton royal, ne s'appuie que sur son épée.

Et la révolte grandit, la faction de Pépin fourbit ses armes et s'apprête à la guerre ; un vent de révolte souffle sur les frontières, sur les marches de l'Est ; ils veulent, ces guerriers germains, des batailles et des pillages ; maudit soit l'ordre romain et que refleurisse au plus tôt l'ère brillante des conquêtes.

Le roi Clotaire est trop vieux pour eux ; dans leur grande forêt Hercynienne, quand le loup a les dents usées et les griffes sans tranchant, c'est le louveteau qui le remplace, et tous les guerriers d'Austrasie, fatigués de leur long repos, veulent marcher aux combats, guidés par le prince au nom de bon augure, Dagobert, en langue teutonne, *lumière brillante*.

Clotaire est bien forcé de céder, Pépin et Arnoul le veulent. Tout ce qu'il peut obtenir, c'est d'enlever à l'Austrasie quelques cantons, ce qu'elle possède à l'ouest des Ardennes et des Vosges, et de garder la jouissance des deux anciennes capitales du royaume, Reims et Metz. Il met donc cette couronne enlevée à Brunehaut sur le jeune front de Dagobert, qui part tout joyeux de la villa de Clichy pour aller régner sur la région sauvage où s'amoncellent déjà les tempêtes qui doivent, un siècle plus tard, renverser les rois de sa race.

II

Guerre contre les Saxons. Danger que court Dagobert. Combat singulier de Clotaire II et du duc des Saxons. Bataille du Wéser.

Ce fut donc le cœur rempli de joie et d'espérance que Dagobert arriva dans son nouveau royaume ; les hommes de guerre n'y manquaient pas, et l'épée du roi d'Austrasie pesait plus que toutes les autres épées royales dans la balance des batailles, quand il ne plaisait pas à ses leudes de le trahir. En effet, si la puissance militaire était le beau côté de l'Austrasie, en revanche, peu de peuples étaient aussi indisciplinés, aussi malaisés à gouverner que les rudes hommes de l'Est. Plusieurs grandes familles s'étaient taillé dans le royaume de véritables Etats ; Arnoul était le vrai maitre de l'Alsace et de la Lorraine ; tout le nord des Ardennes, toute la vallée occidentale de la Meuse n'obéissaient qu'à Pépin, et la puissance réunie de ces deux hommes, rendue plus étroite par des alliances de famille, dépassait assurément celle du roi. Puis, autre danger, tout le long de la frontière orientale, c'était une suite de peuplades tributaires, restées barbares, et n'attendant que les occasions de se révolter. Les Frisons, les Thuringes, les Saxons, les Alemans, les Bavarois, qui, dans la pensée des héritiers de Clovis, devaient servir de rempart aux pays francs proprement dits, amortir le premier choc des Wendes ou des Avares, n'étaient en réalité, au contraire, que l'avant-garde de l'invasion campée déjà sur le sol franc.

Dagobert était encore bien jeune, quinze ans à peine. Il ne comprit pas immédiatement le danger de sa situation, et, reconnaissant envers Arnoul, il le laissa avec Pépin, nommé maire du palais d'Austrasie, diriger en maître le gouvernement de ses Etats.

Mais, pour faire proclamer Dagobert, Arnoul avait promis la guerre ; à présent, il la fallait à tout prix. Les occasions de discorde n'étaient pas rares en ces temps-là ; une querelle entre Francs et Saxons devint le prétexte cherché. Devant des mesures de rigueur les Saxons se révoltèrent, et leur duc, Bertoald, crut de son côté, en voyant ce démembrement de la monarchie franque, que l'occasion était bonne pour secouer le joug ; il envoya des ambassadeurs chargés de déclarer aux rois francs que dorénavant il ne serait plus leur tributaire ni leur vassal ; et, en quelques jours, une formidable armée de Saxons était réunie sur les bords du Wéser, limite qui séparait alors le duché de Saxe[1] de la France orientale.

---

1 Les Saxons, à l'époque de Dagobert, semblent avoir été bornés à l'ouest par le Wéser. Sous les rois fainéants, ils s'avancent au delà de ce fleuve, dans la Westphalie, où les Francs étaient peu nombreux et où il se trouvait encore, malgré les efforts des chorévèques, beaucoup de païens qui sympathisaient avec les Saxons, ennemis acharnés

L'évêque Arnoul fut surpris ; les leudes austrasiens, dispersés sur un vaste territoire, ne s'étaient pas encore rassemblés que Bertoald avait franchi le Wéser et ravageait tout le pays. Dagobert, à l'âge où l'on ne doute de rien, avide de faire ses premières armes, partit à la rencontre de l'ennemi avec une armée bien inférieure en nombre. La rencontre fut terrible : les Francs Austrasiens cette fois se battirent en conscience ; Dagobert paya de sa personne ; au plus fort de la mêlée, entouré avec son écuyer Achila par une troupe de cavaliers saxons, il eut, sous le poids d'un lourd *saxs* de fer, son casque fracassé ; le coup lui emporta même une partie de la peau de la tête à laquelle restèrent attachées quelques boucles de sa longue chevelure blonde ; l'écuyer Achila ramassa cette preuve sanglante du danger que courait son maître, et, perçant les lignes ennemies comme les rangs pressés des Austrasiens qui venaient au secours de leur roi, sur l'ordre de Dagobert, il partit d'un furieux galop pour aller rejoindre Clotaire ; celui-ci en effet, inquiet de cette guerre imprudemment engagée, avait déjà franchi les Ardennes avec une armée de secours recrutée à la hâte et formée en grande partie des fidèles de la truste royale et des gardes palatins de Neustrie.

Clotaire, heureusement, ne se trouvait qu'à quelques marches en arrière. C'était au milieu d'un bois que le camp royal était établi ; tout à coup, dans le silence de la nuit, un cri d'alarme retentit au loin ; on entend le galop enfiévré d'un cheval à travers les broussailles ; les sentinelles accroupies près des feux de veille se

---

du christianisme, que les rois francs, poussés par les évêques, voulaient implanter dans ce malheureux pays, plus tard noyé dans le sang par le très pieux Charlemagne, comme tout le reste de l'Allemagne saxonne. Au temps de Pépin le Bref et de Charlemagne, une des trois fédérations saxonnes est établie en deçà du Wéser (par rapport à l'empire franc) et s'approche du Rhin ; les deux autres fédérations occupent toujours les rives du Wéser et de l'Elbe.
Montfaucon et Adrien de Valois prétendent, sans en donner la moindre preuve sérieuse, que cette guerre de Saxe n'a jamais eu lieu et que c'est une invention des chroniqueurs. Cependant, elle est rapportée par Aimoïn, par l'auteur anonyme des *Gesta Dagoberti* (beaucoup trop méprisé par de Valois), qui écrivaient à une époque assez rapprochée de Dagobert ; on la trouve même citée dans la Chronique de Sigebert de Gembloux. Enfin, comment expliquer, sans l'existence de cette guerre, la chanson en l'honneur de Clotaire, dont nous parlons à la note sur la Chanson des Saxons.
Frédégaire omet, il est vrai, complètement l'expédition de Clotaire et la bataille du Wéser, mais il y a beaucoup de faits négligés par ce sec et bref historien qui n'en sont pas moins parfaitement prouvés. Frédégaire ne parle pas non plus de la grande révolte des Austrasiens contre Dagobert en 632. Le parti de ses maîtres carolingiens ayant été complètement battu en cette occurrence, l'historien a trouvé plus simple de ne pas souffler mot de l'événement, et, sans la *Vie de saint Sérénus* (apud Duchesne, *Hist. franç.*), nous n'aurions aucune connaissance de cette grande rébellion, qui explique cependant bien des choses restées jusqu'ici obscures dans la vie de Dagobert, telle que Frédégaire la raconte.
Les Saxons paraissent avoir tiré leur nom de leur arme nationale, le *saxe* ou *sachs*, lourde et large épée, dont le scramasaxe ou scamasaxe franc était le diminutif ; à moins que ce ne soit le contraire, et que les Saxons aient nommé le *sachs* de leur propre nom, comme les Francs le firent pour la francisque. La première opinion est cependant préférable, la forme saxon indiquant un dérivé, de même que la forme francisque.
Dans le premier cas, l'arme a donc donné son nom au peuple, dans le second cas, pour les Francs et la francisque, le peuple a donné son nom à l'arme. Turner et Michelet assignent au nom des Saxons une source différente ; d'après eux, ce nom serait dérivé de Sakai-suna (fils des Sakai). Les Sakai étaient une tribu presque sauvage établie en Arménie et qui se serait transportée vers le nord-ouest, au moulent de cette grande marche en avant opérée d'Asie en Europe par les différentes peuplades barbares.

lèvent et tendent l'oreille. Le bruit se rapproche et dans la clairière bientôt débouche Achila, épuisé, hors d'haleine, mais montrant ce lambeau de chair ensanglanté, ces longues boucles blondes que portent seuls les descendants de Mérovée. On court à la tente de Clotaire, on l'éveille : à la vue de ce sanglant appel que son fils lui adresse, le roi de Neustrie saute sur son cheval ; en hâte tous s'arment et le suivent ; dans les ténèbres, à la lueur des torches, l'armée précipite sa marche ; si Dagobert vit encore, on le sauvera, et s'il est mort, on le vengera.

Cependant, après une longue lutte, les deux armées de Dagobert et de Bertoald s'étaient séparées. Les Saxons, riches d'un énorme butin, fruit de leurs dévastations sur le territoire austrasien, avaient, pour le mettre à l'abri, repassé le Wéser. Le bruit courait dans leurs rangs que les deux rois francs, le père et le fils, Clotaire et Dagobert, avaient péri dans la mêlée ; et les Saxons avaient passé toute une nuit, une fois rentrés sur le sol de leur patrie, à célébrer, en chantant les hymnes nationaux de la *terre rouge*, en vidant leurs brocs de bière et de cervoise, la destruction totale de la race haïe de leurs maîtres. Suivant leur habitude, nulle garde, nul avant-poste ne les protégeaient ; d'ailleurs le large et rapide Wéser leur semblait une barrière suffisante contre toute attaque de l'ennemi.

C'était vers la fin de la nuit ; les chants cessaient et l'orgie tirait à sa fin, lorsqu'aux premiers rayons du soleil, dans les grands roseaux verts qui bordaient le fleuve, les Saxons entrevirent comme un rejaillissement de lumière ; le voile de brume qui couvrait le fleuve se déchira sous le souffle vif de la brise de l'aurore, et l'on distingua bientôt des rangs pressés de casques et d'armures de fer ; au milieu d'un fourmillement de piques se détachait dans le ciel clair du matin la chape bleue de saint Martin, et déjà, avides de bataille, les Francs entonnaient leur chant de guerre.

C'était Clotaire, qui, par une marche forcée, ne s'arrêtant ni le jour ni la nuit, avait rallié les troupes de Dagobert et s'apprêtait à faire payer cher aux Saxons le combat douteux dont ils s'enorgueillissaient.

Bertoald s'arme à la hâte, monte à cheval et s'avance sur la rive du fleuve ; il raille les Francs dont les rois dit-il, sont morts l'autre jour, ces Francs qui bientôt vont aller rejoindre leurs princes. Derrière lui, les Saxons s'amassent, riant de ce peuple sans chefs, de ce troupeau sans chiens.

De l'armée franque un cavalier se détache ; un grand casque d'acier couvre sa tête ; il s'arrête au bord de l'eau, lentement soulève sa coiffure de guerre ; un flot de cheveux blonds, mêlés de fils d'argent, se répand sur ses épaules, et les Saxons tremblants se taisent en reconnaissant que le roi Clotaire n'est pas mort.

Bertoald, furieux, se met à injurier d'homérique façon son suzerain détesté. Impatient, sans regarder s'il est suivi, Clotaire pique son étalon de guerre, se lance dans le fleuve, et, levant sa pesante francisque, s'en va droit vers Bertoald. Dagobert suit son père, comme luise jette à l'eau, puis les ducs, les comtes, les leudes, toute l'armée. Le fleuve, gonflé d'hommes et de chevaux, déborde et vomit sur la rive ennemie ces flots de combattants ; et l'armée franque s'en va heurter l'armée saxonne.

Ruisselant d'eau dans son armure et dans ses vêtements alourdis, Clotaire s'est jeté sur Bertoald ; le cheval lombard du roi et le *warranion*1 belge du duc se sont heurtés et se mordent ; leurs deux maîtres s'attaquent, l'un de la francisque et l'autre du sais. Autour d'eux, le combat a cessé : chacun, fier de son chef, confiant en sa fortune, regarde anxieux cette lutte splendide de ces deux hommes qui résument en eux les deux races ennemies. La lutte n'est pas égale, dit avec un sourire amer le duc Bertoald, tu ne peux, roi Clotaire, tuer que ton vassal, tandis que moi je puis tuer mon suzerain. Mais Clotaire ne répond pas : dans le roi pacifique s'est réveillé le chef de guerre ; le sang fier de ses aïeux coule toujours dans ses veines. Malgré l'eau qui appesantit son bras, il attaque furieusement son adversaire et bientôt Bertoald tombe la tête fracassée. Cette fois encore la francisque a vaincu le *saxs*.

Le roi tire son scramasaxe, tranche la tête du duc expirant, la fixe au bout d'une lance. A cette vue, l'armée saxonne perd tout courage ; elle fuit à travers les grandes plaines, les cavaliers francs la poursuivent. Et, tandis qu'ardents à la poursuite, ils disparaissent dans le lointain, tandis que sur tout le champ de bataille retentissent horriblement les cris, les plaintes déchirantes des Saxons blessés qu'achève le large couteau des guerriers francs, on entend s'élever sur les bords du Wéser une douce et vague harmonie ; devant la chape de saint Martin les deux rois sont agenouillés, et, comme un bourdonnement d'abeilles, des roseaux ensanglantés et des ajoncs fleuris monte vers le ciel la pieuse et lente psalmodie des clercs du roi Dagobert2.

---

1 Les warranions étaient d'énormes chevaux de bataille, élevés en Belgique, et d'où semblent descendre les colossaux destriers flamands si estimés des chevaliers du moyen âge. Les Austrasiens, portant déjà, ainsi que les peuples du Nord, des chemises de mailles, des boucliers et des casques de fer, bref, un équipement assez lourd, tenaient plus à la force de leurs montures qu'à leur légèreté. Les Neustriens et les Aquitains préféraient, au contraire, les chevaux lombards qu'on importait d'Italie.

2 Les rois mérovingiens avaient une cour aussi bien montée que celle de Louis XIV. Nous trouverons dans le cours de ce récit une série fort respectable de grands officiers de la couronne. Ne nous occupons ici que de la maison religieuse. Les rois avaient auprès d'eux deux catégories de prêtres et de clercs ; les uns, nommés sédentaires ou *palatini*, étaient de véritables aumôniers attachés aux différentes résidences royales, qu'ils ne quittaient jamais ; les autres, les clercs du camp ou *castrenses*, suivaient le roi dans toutes ses expéditions et étaient spécialement chargés de veiller sur les coffres et sur les châsses remplies de reliques dont les rois mérovingiens se faisaient accompagner partout. La plus précieuse de ces reliques était la chape de saint Martin, de couleur bleue, qu'on déployait au bout d'une pique dorée les jours de grande bataille, et qui a précédé, comme emblème national, l'oriflamme de Saint-Denis. Cette chape, particulièrement estimée, était en temps ordinaire renfermée dans un petit oratoire qui de *chape* prit le nom de *chapelle*. Ce nom, réservé d'abord à l'oratoire royal où était déposée la chape, passa, malgré l'étymologie, aux oratoires particuliers qui ne renfermaient pas trace de la moindre chape.

Le chef de tous ces clercs royaux, nommé sous Dagobert le premier chapelain, plus tard l'archichapelain et l'apocrisiaire, avait une grande importance. Sans être cependant évêque, il avait une certaine autorité sur toutes les affaires ecclésiastiques du royaume et remplissait à peu près les fonctions d'un ministre des cultes. Ces fonctions, du reste, étaient alors peu de chose, chaque évêque était à peu près indépendant et ne relevait guère, et encore pour certains cas seulement, que de son métropolitain. Le pape lui-même était bien loin d'avoir l'importance qu'il prit par la suite ; c'est à peine si les couvents qui suivaient la règle de Saint-Colomban, les doctrines des *culdées* irlandaises (en opposition avec l'observance de Saint-Benoît), reconnaissaient son autorité. Ajoutons

III

Pépin et Arnoul tout-puissants à la cour de Dagobert. Complot du duc
Chrodoald. Mariage de Dagobert. Ses revendications territoriales auprès de
Clotaire II. L'Austrasie sous Dagobert. 625.

Après la victoire décisive remportée par Clotaire et par Dagobert sur les Saxons révoltés, le trône du jeune roi d'Austrasie paraissait solidement affermi. Mais l'apparence était trompeuse ; plus que jamais Arnoul et Pépin étaient les véritables maîtres. Pépin surtout étalait dans ses nombreuses villas, dépouilles de Brunehaut et de Théodebert, un luxe qui éclipsait celui de Dagobert. Disposant à son gré des trésors royaux, il offrait à tous les leudes une splendide hospitalité, tandis qu'Arnoul agissait auprès du menu peuple, distribuant de nombreuses aumônes qui lui coûtaient peu, attendu qu'il n'avait, comme Pépin, qu'à puiser dans les coffres de Dagobert.

Les deux ministres remplissaient toutes les fonctions publiques de leurs créatures ; charges du palais, concessions de terres fiscales, duchés, privilèges de comtes et de convives royaux, évêchés même n'étaient donnés qu'à leurs amis. Un des principaux commandements territoriaux avait été notamment confié à un certain leude nommé Chrodoald[1], qui était dévoué au maire Pépin et à l'évêque Arnoul, et qui, tout fier du sang presque souverain des Agilofinges de Bavière qui coulait dans ses veines, et enorgueilli d'un titre récent de duc franc, pillait et pressurait horriblement le pays confié à sa garde.

Le peuple s'en plaignit à Dagobert, qui voulut sévir ; aussitôt Chrodoald part pour Clichy, apportant à Clotaire une recommandation pressante de Pépin, et bientôt il s'en retourne fièrement à la cour d'Austrasie. Clotaire a ordonné à Dagobert, comme père et comme suzerain, d'avoir pour agréables les grands services du duc Chrodoald. Dagobert n'était pas le plus fort, il se soumit, et Chrodoald garda son duché.

---

qu'à cette époque les cardinaux jouaient un rôle très secondaire et que le titre d'archevêque n'était pas encore usité.

Il est à remarquer que les Mérovingiens de la branche neustrienne, issue de Chilpéric et de Frédégonde, représentée ensuite par Clotaire II et Dagobert, puis par leurs successeurs, ne sont pas très bien vus des papes, qui leur reprochent sans doute leur attachement aux doctrines de saint Colomban ; tandis qu'au contraire le pape Grégoire le Grand entretient les rapports les plus amicaux avec Brunehaut et la branche austrasienne de Sigebert, ennemie déclarée de saint Colomban. Plus tard, les Carolingiens s'allièrent étroitement avec la papauté qui, en échange de leur protection contre les Lombards, leur donnera la couronne impériale.

[1] Les historiens qui nous ont précédé n'ont pas présenté sous le même point de vue que nous l'affaire de Chrodoald. Ce qui les a, selon nous, induits en erreur, c'est le texte de Frédégaire qui, en présence de la malchance de Chrodoald, ne veut pas nécessairement laisser soupçonner ses patrons Arnoul et Pépin de complicité avec le duc mis à mort. Frédégaire déclare donc que Chrodoald avait encouru le courroux de Dagobert à l'instigation d'Arnoul et de Pépin. Si cela était vrai, Clotaire, entièrement soumis à l'influence de ces deux personnages, n'aurait pas intercédé pour Chrodoald auprès de Dagobert. Il y eut là, selon nous, quelque fourberie d'Arnoul et de Pépin qui, après avoir d'abord protégé Chrodoald, le désavouèrent officiellement après sa mort tragique.

Mais voilà que, quelques jours plus tard, le jeune roi étant à Trêves, nouvelle capitale de l'Austrasie — depuis que Reims et Metz étaient restées aux mains de Clotaire —, et vivant dans le grand palais délabré, ancienne résidence du préfet des Gaules, il entend un soir un bruit léger de pas près de sa chambre, dans un vaste corridor, obscur et désert. Le roi avait auprès de lui un de ses fidèles, le comte Ber-chaire ; tous deux s'arment et se cachent derrière une portière ; ils attendent en silence l'approche de l'intrus ; bientôt ils distinguent Chrodoald ; le duc avance avec précaution, il est armé et cherche à pénétrer dans la chambre royale ; sans dire un mot, le comte Berchaire lève sa francisque, d'un seul coup abat la tête de Chrodoald, et Dagobert a un ennemi de moins. Pépin et Arnoul ne pouvaient décemment prendre parti pour l'assassin de leur roi ; ils déclarèrent que Berchaire avait bien agi, que c'était bonne et prompte justice, et il ne fut plus question du malavisé Chrodoald.

Cependant, renfermé dans sa villa de Clichy, le roi Clotaire vivait heureux, tout entier à l'amour de sa nouvelle femme, Sichilde, qui venait de lui donner un fils, nommé Caribert1. Mais la jeune reine était inquiète pour l'avenir de ce nouveau-né. Dagobert, n'aimant pas la mère, n'aimerait pas l'enfant ; cet accroissement de la famille n'avait pu d'ailleurs que lui être très désagréable ; et, si Clotaire venait à mourir, il était fort à craindre que le fils aîné, déjà homme et déjà roi, élevé dans l'idée qu'il serait le seul héritier des trois couronnes franques, ne tînt pas grand compte des droits de son frère cadet. La reine Sichilde avait une sœur cadette, Gomatrude ; elle pensa à la faire épouser à Dagobert, voulant profiter de cette union pour se rapprocher de lui. Par les conseils de sa femme, Clotaire proposa la jeune fille, richement dotée, à Dagobert, qui, encore dans tout le feu de la reconnaissance pour le service que son père lui avait rendu lors de la guerre des Saxons, se serait fait scrupule de se refuser à ses volontés et se déclara prêt à lui obéir.

Il fut donc décidé que le mariage aurait lieu à la villa de Clichy, et, dans les premiers mois de l'an 625, Dagobert quitta l'Austrasie pour se rendre auprès de son père. Le mariage fut célébré en grande pompe dans l'oratoire particulier du palais, avec le concours de nombreux évêques. La cérémonie fut suivie d'un de ces banquets colossaux qui jouaient un grand rôle dans l'existence des Francs.

---

1 Les historiens ne sont pas d'accord sur l'état civil de ce prince ; les uns, Sismondi, entre autres, en font un bâtard de Clotaire, le prétendant bien fils de Sichilde, mais né pendant le mariage de Clotaire et de Bertrade ; les autres en font un fils légitime, mais en admettant que Clotaire, suivant l'exemple de ses aïeux, avait deux épouses à la fois, Bertrade et Sichilde, assertion contredite par l'auteur des *Gesta Dagoberti*, qui, en parlant de Bertrade, ajoute *quam unico aurore rex dilexerat* Il s'est même trouvé des auteurs pour prétendre que Caribert était le frère aîné de Dagobert, et qu'il était tombé dans la disgrâce des leudes à cause de son état d'idiotisme, d'*imbécillité*. Il y a là une erreur de traduction : les vieilles chroniques latines emploient bien le mot *imbecillitas* en parlant de Caribert, mais *imbecillitas* n'a nullement en latin le sens d'imbécillité, d'idiotisme : il signifie proprement faiblesse et spécialement faiblesse enfantine.
Caribert était donc le fils légitime de Clotaire II et de sa seconde femme Sichilde, et, par conséquent, il était beaucoup plus jeune que Dagobert, né de la première femme de son père, et qui avait une quinzaine d'années à la mort de sa mère.
Clotaire II avait eu, dans sa jeunesse, bien avant la naissance de Dagobert, un autre fils nommé Mérovée, qui fut tué, encore tout jeune, à la bataille perdue en 6o5, près d'Etampes, par Landry, maire du palais de Clotaire, vaincu par les troupes de Thierry, petit-fils de Brunehaut.

Celui-ci dura trois jours, mais les évêques, jaloux de leur réputation de sobriété, s'abstinrent scrupuleusement d'y paraître.

Après ces trois jours donnés au plaisir, Dagobert crut qu'il était temps de s'occuper des affaires sérieuses. Le matin du quatrième jour, Clotaire fut très étonné de voir le nouveau marié lui demander la faveur d'un entretien particulier. Là, le jeune roi, qui avait fort réfléchi depuis quelque temps, fit observer à son père que la naissance de Caribert était des plus préjudiciables à son avenir, à lui fils aîné. Du moins, réclamait-il, à titre de dommages-intérêts, la restitution des provinces austrasiennes que le roi Clotaire avait de son autorité réunies à la Neustrie. Là-dessus, grande colère du père ; son fils voulait le dépouiller, quelle ingratitude ! Mais Dagobert, doué, malgré sa jeunesse, d'un esprit très pratique, persista dans ses revendications, sachant très-bien que la reine Sichilde, toute-puissante sur l'esprit de son mari, serait d'avis de céder aux demandes du futur rival de Caribert, dans l'espoir que, content de l'Austrasie, il ne réclamerait pas plus tard la Neustrie ni la Bourgogne, qui formeraient naturellement alors l'apanage du second fils. Remarquons ici en passant qu'en effet, les trois royaumes d'Austrasie, de Neustrie et de Bourgogne, bien que souvent réunis sous un seul sceptre, formaient cependant bien réellement trois États distincts, ayant chacun leurs lois, leur organisation, et surtout leur esprit particulier. Les Burgondes sont un peuple de marchands, d'artisans et de cultivateurs ; ils sont pacifiques, calmes, un peu lourds, mais beaucoup plus civilisés que leurs voisins d'Austrasie ; les Neustriens sont devenus, du moins pour la plupart, de véritables Gallo-Romains ; les chefs eux-mêmes, les leudes, nés souvent de mères ou d'aïeules gallo-romaines, affectent d'être des hommes policés ; ils ont quelques instincts d'ordre, parlent *latin* ou *romain*1, s'efforcent de paraître aimer l'éloquence, d'être sensibles aux choses de l'esprit, et, sur leurs vieux jours, briguent volontiers les calmes honneurs de l'épiscopat. Quant aux Austrasiens, ce sont encore les vrais Francs d'autrefois ; si Clovis revenait au monde, il reconnaîtrait en eux ses rudes antrustions ; chez eux, l'esprit germanique est encore tout-puissant ; ils ne connaissent que la force brutale, détestent les entraves de la civilisation, les lois et surtout les impôts ; au fond du cœur, beaucoup sont encore païens, et si la masse s'incline devant les saints et devant les évêques, c'est qu'elle regarde les premiers comme des génies et les seconds comme des sorciers.

Pour en revenir à la demande indiscrète de Dagobert, disons tout de suite qu'après une violente querelle, le père et le fils décidèrent d'un commun accord qu'ils soumettraient leur différend à une assemblée composée de douze de ces grands personnages qu'on appelait *proceres* en Austrasie, *optimates* en Neustrie

---

1 L'histoire a trop négligé cet essai de patrie romane tenté sous Dagobert et Clovis II. A ce moment, en Neustrie, en Bourgogne, en Aquitaine, toute la population parle la même langue. Francs, Gallo-Romains, Burgondes, emploient le langage roman, qui commence dès le sixième siècle pour arriver à son apogée au neuvième siècle. Les Austrasiens, au contraire, ont conservé la vieille langue germanique. Le latin est resté usité dans tous les pays, mais seulement comme langue officielle. Les auteurs du huitième siècle nous indiquent bien cette existence simultanée des deux langues dans les pays romans ; ils distinguent *lingua latina*, langage des évêques, des jurisconsultes, des écrivains sérieux, et *lingua romana*, l'idiome courant, dérivé du latin, mais enrichi de termes gaulois, wisigoths et germaniques. Pendant la sanglante période des maires du palais, qui précède l'établissement de la dynastie carolingienne, nous voyons les peuples parlant roman se réunir toujours pour résister aux attaques du peuple parlant germain, aux invasions des Austrasiens.

et *farones* en Bourgogne, auxquels les deux parties convinrent d'adjoindre les évêques présents à la cour. Pépin et Arnoul furent au nombre de ces juges tout-puissants, le premier en qualité de grand du royaume, et le second à titre d'évêque.

L'avis de cette sorte de concile politique fut que Dagobert avait raison, et que le roi Clotaire avait eu tort de démembrer l'Austrasie. On accorda seulement à celui-ci la jouissance des possessions austrasiennes situées outre Loire, telles que Tours, Limoges, Poitiers et autres cités d'Aquitaine, véritables colonies, séparées complètement du territoire central, et tellement imbues de l'esprit monarchique et municipal que l'aristocratie austrasienne, aïeule de la féodalité, tenait très médiocrement à les conserver. En conséquence, Clotaire, se vit forcé de céder ; l'Austrasie recouvra ses capitales de Reims et de Metz, et ses anciennes frontières d'au delà des Ardennes et des Vosges, et Dagobert s'en revint dans son royaume, heureux possesseur d'une jeune épousée et de quelques provinces de plus.

C'était certes un vaste et beau royaume que l'Austrasie, telle que Dagobert la possédait alors. De la Marne et de la Meuse à l'Elbe et à la mer Baltique, des maigres chênaies des Ardennes jusqu'aux épaisses sapinières de Bohême, des murailles romaines de Reims jusqu'aux fossés garnis de palissades de Salzbourg, s'étendait sa nouvelle puissance. Ses États directs étaient bien défendus ; à ses frontières, face à face chacune avec quelque passage de ces douteux tributaires dont nous avons déjà parlé, s'élevait quelque place forte1. Devant les Frisons c'étaient Utrecht et la *palissade* d'Anvers, ville naissante dont les armoiries, une main coupée, semblaient rappeler plus tard qu'en la fondant Clotaire avait coupé la droite des Frisons ; Maëstricht, créée et fortifiée par César ; plus loin, devant les Thuringes, Mayence, la vieille cité romaine, ceinte encore alors de ses fossés légionnaires et de ses portes prétoriennes ; puis Cologne, la ville dédiée par Claude à Agrippine, vieux centre de civilisation, digue toujours battue, mais qui tiendra longtemps encore en échec l'inondation des hordes saxonnes.

Derrière ces sentinelles avancées, voici d'autres villes opulentes ; c'est d'abord Trêves, jadis capitale du diocèse des Gaules, la Rome du Nord, riche de ses ateliers, de ses arsenaux, de ses palais, et qui possède encore ces immenses bâtiments de l'*annone* où s'entassaient les vivres des armées de Dioclétien : Metz, mélange de temples antiques, de naumachies ruinées, d'aqueducs ébranlés, d'églises nouvelles et de monastères neufs ; Metz, déjà vaillante sentinelle contre l'étranger, cité pieuse et guerrière, dont les fossés à moitié comblés, les remparts éventrés rappelaient encore le foudroyant passage des hordes d'Attila. Plus au sud, c'est Reims, la ville épiscopale par excellence, où devant saint Rémy Clovis s'inclina humble chef de Sicambres, et se releva roi des Gaules, bien mieux, fils aîné de l'Église. C'est Châlons, isolée dans ses grands champs catalauniques blanchissant encore des ossements, restes de la grande bataille où, dans les flots de sang de quatre peuples, sombra la fortune d'Attila ; c'est Laon, *Lugdunum clavatum*, la cité fermée, une des villes lyonnaises qui de sa montagne escarpée veille sur les plaines qui l'entourent. Mais, sauf ces villes

---

1 Les places fortes ne sont pas alors aussi rares qu'on pourrait le croire ; les anciennes villes fortifiées avaient conservé leurs remparts et leurs fossés, plus ou moins bien entretenus, et l'existence de véritables châteaux forts, appartenant à des particuliers, est attestée par Fortunat. Les Francs cependant n'étaient pas très versés dans l'art de l'ingénieur, et les nouveaux postes militaires qu'ils élevaient n'étaient défendus que par de simples palissades.

et quelques autres rares centres d'habitation, îlots dispersés que n'avaient pu submerger les successives inondations des tribus germaniques, l'Austrasie proprement dite était relativement peu riche d'habitants ; les villas de ses leudes, largement disséminées, étaient plutôt des rendez-vous de chasse que des ateliers de production agricole, telles qu'étaient celles de la Neustrie et de la Bourgogne. La grande forêt Charbonnière, dont les *domestiques* devinrent plus tard les *forestiers*, puis les comtes de Flandre, la forêt Hercynienne, dont l'immense forêt Noire n'est qu'un faible reste, les bois des Ardennes et des Vosges couvraient la plus grande partie du territoire ; et, quant au reste, sauf près des villes, nulle culture ; rien que de grandes plaines où poussaient les herbes sauvages, que d'arides collines, que des landes désertes ; autour des fleuves, des rivières, de l'Escaut, de la Meuse, du Rhin, du Wéser, ce n'étaient que marais, que tourbières, que prairies humides, fréquentées seulement par les oiseaux d'eau, vastes terrains de chasse, au monotone et gris paysage, que parcourait, dans le brouillard d'automne, en rêvant mélancoliquement au pays où mûrit l'olivier, où s'épanouit la vigne, le barbare attristé du Nord.

IV

Vengeance conjugale de Clotaire II. Sa mort. Prétentions de Caribert.
Dagobert seul roi. Fondation de l'abbaye de Saint-Denis. Voyage de Dagobert
en Bourgogne. Mort du duc Brodulphe. Dagobert répudie sa première femme
Gomatrude et épouse Nanthilde. Miracle arrivé dans la basilique de Saint-
Denis. 628-629.

Pendant que Dagobert gouvernait assez paisiblement l'Austrasie, occupant la turbulence de ses leudes à ravager les terres des Saxons, en punition de leur révolte, et se laissant docilement diriger par ses ministres, il s'était passé à la cour de Clichy une tragédie domestique. Clotaire, qui parait avoir été un mari fort jaloux, avait cru s'apercevoir que la reine Sichilde regardait d'un œil trop complaisant un jeune leude du pays d'Etampes, nommé Boson. Boson avait été mis à mort par ordre du roi ; mais Clotaire avait gardé, malgré toutes les protestations de la reine, une secrète méfiance contre elle. Tombé malade d'une dysenterie, genre d'affection qui paraît avoir été, en ces temps-là, fort dangereuse ou fort mal soignée, car la plupart des rois mérovingiens en meurent, il n'avait pas voulu se préoccuper de l'avenir de son fils Caribert et s'était laissé décéder intestat, au grand désespoir de Sichilde et surtout du frère de la reine, du duc Brodulphe, qui voyait lui échapper une productive régence.

Tout n'était pas cependant désespéré pour Caribert ; la succession à la couronne dépendait beaucoup du libre choix des peuples. A peine Clotaire était-il inhumé auprès de sa mère Frédégonde, dans l'église de Saint-Vincent de Paris (actuellement Saint-Germain des Prés), que Brodulphe se mit en mouvement, essayant de faire à son jeune neveu une armée de partisans. Mais Dagobert, dès qu'il avait été averti de la maladie de son père, s'était rendu à Reims, aux limites de ses Etats, à proximité de la Bourgogne et de la Neustrie. De là, il s'était empressé de distribuer de l'or et des promesses, surtout des promesses, à tous les hommes doués de quelque influence dans les deux royaumes. Aussi, dès que la mort de Clotaire avait été annoncée, les *farons* burgondes s'étaient-ils crus obligés de proclamer roi Dagobert, trouvant, disaient-ils, Caribert trop jeune pour tenir le sceptre et l'épée. Les Neustriens, au contraire, étaient hésitants ; beaucoup d'entre eux n'aimaient pas les Austrasiens, craignaient d'être en quelque sorte inféodés à ces frères barbares. Mais Dagobert, comprenant ces craintes, promit aux leudes et aux évêques neustriens de se fixer au milieu d'eux, à l'exemple de son père, et bientôt Caribert, à peu près abandonné, se vit forcé de se contenter de la part que son frère aîné voudrait bien lui accorder par grâce. Cette part était tout indiquée. C'était cette partie éloignée de l'Aquitaine, enlevée jadis aux Wisigoths, qui supportait si à contrecœur la domination franque, qui maintes fois déjà s'était essayée à se constituer en royaume indépendant. Caribert fut en conséquence mis en possession du Toulousain[1], du Cahorsin, du Périgord et de la Saintonge, ainsi que de la suzeraineté nominale de tout le pays situé au sud de Toulouse et de Bordeaux et borné à l'est par la Garonne, à l'ouest par la mer, au midi par les Pyrénées. C'était le territoire des Gascons[2], fort peu soumis jusqu'alors aux différents monarques francs.

Voilà donc Dagobert seul possesseur du pouvoir royal ; Caribert n'est en effet que son vassal, et, content de sa part d'héritage qu'il n'espérait même plus si belle, il ne donne aucune inquiétude à son frère. Mais à qui Dagobert doit-il ses succès et son bonheur ? Evidemment à son protecteur, le vieil apôtre de Paris, à saint Denis, qui dès l'enfance du roi veillait bénévolement sur lui. Dagobert était reconnaissant ; puis, les saints à cette époque étaient fort susceptibles ; il y avait tout intérêt à ne pas

les négliger ; d'ailleurs, il était bon aussi que le peuple vît bien sous quelle protection puissante était placé son maître. Et le jeune monarque, à peine installé dans ce palais paternel de Clichy, où s'était écoulée sa jeunesse, commence par faire rechercher sous les ruines de l'oratoire de Catuliacum les précieux ossements du martyr et de ses compagnons ; on retrouve ces restes vénérés ; saint Denis a voulu lui-même faciliter les travaux en montrant au roi dans un songe la place exacte où se trouvaient les reliques qu'on cherchait. Des châsses d'or reçoivent les os des trois saints, et Dagobert se décide à prélever sur les trésors paternels une forte somme destinée à édifier le plus promptement

---

1 Le texte de Frédégaire dit que Dagobert céda par transaction à son frère des territoires et des cités pour qu'il pût vivre comme un particulier ; ces pays étaient ceux de Toulouse, Cahors, Agen, Périgueux, et tout ce qui à partir de là s'étend jusqu'aux Pyrénées. Nous ne comprenons donc pas que M. Jacobs, précisément dans ses notes sur Frédégaire (Voir *Grégoire de Tours et Frédégaire*, traduction Guizot, revue par A. Jacobs, 1874), déclare que Dagobert abandonna à son frère toute la partie de la Gaule comprise entre la Loire et les Pyrénées. Il s'en fallait de beaucoup ; Caribert n'avait que quelques pays situés dans ce territoire pour pouvoir *vivre en particulier*. L'énumération de Frédégaire est limitative, elle indique avec précision ce qu'avait Caribert. Si l'on se rangeait à l'opinion de M. Jacobs, il faudrait croire que Dagobert avait aussi donné à son frère Angoulême, Bourges, Poitiers, Limoges, dont le texte ne parle pas. De plus, tout le pays situé entre la Loire et les Pyrénées, c'eût été un vrai royaume et non un apanage destiné à permettre à Caribert de *vivre en simple particulier*.
2 Les Wascons ou Gascons étaient tout simplement les Basques dont le territoire était plus étendu à cette époque qu'au moyen âge. Ayant à diverses reprises occupé une grande partie du sud de l'Aquitaine, ils étendirent à leur conquête le nom de Wasconie ou Gascogne qu'elle conserva. Les Basques, qui occupaient les territoires conquis, se mêlèrent avec les Aquitains et donnèrent naissance à cette race éminemment chevaleresque, brave et fière, beaucoup trop calomniée, qu'on nomme les Gascons.

possible, sur l'emplacement même de l'oratoire, une basilique digne du saint protecteur et du roi protégé.

Tous les chroniqueurs sont d'accord pour nous vanter la magnificence de cette primitive abbaye de Saint-Denis ; le pavé, les colonnes en étaient de marbres rares enlevés à des édifices romains ; la toiture, que dominait un colossal ange de cuivre, était recouverte de plomb, et Dagobert, rien que pour l'entretenir, avait accordé à la nouvelle église le droit de prendre gratuitement chaque année sur les douanes de Marseille huit mille livres de plomb. Mais le plomb n'était pas une matière digne du grand saint Denis ; tout le toit de la partie de l'édifice qui se trouvait au-dessus du tombeau du martyr n'était rien moins que d'argent massif. A l'intérieur, le maître-autel était revêtu de plaques d'or, et, par derrière, s'élevait une croix gigantesque, d'or également, et toute couverte des plus belles gemmes du trésor du défunt roi ; c'était le précieux ouvrage du monétaire palatin, du comte Eloi[1], passé du service de Clotaire à celui de son fils. A côté de l'autel, un immense *gazophyle* (tronc) d'argent avait été placé pour recevoir les offrandes des fidèles. Mais ce qu'on admirait le plus, c'était l'incroyable quantité de riches étoffes, de tapisseries de soie mêlée d'or, brodées de milliers de petites perles à la mode byzantine, et destinées à tendre entièrement, pour les jours de grandes fêtes, le chœur et même les bas-côtés de la nef. Un palais, bâti tout à côté de l'église, devait recevoir le roi lors des visites qu'il ne manquerait pas de faire fréquemment au sanctuaire. Enfin, tout autour s'élevaient de nombreux bâtiments conventuels, destinés à loger l'abbé et les moines chargés de psalmodier[2] perpétuellement, la nuit comme le jour, les hymnes sacrés de l'Eglise, pour la plus grande gloire de saint Denis et pour le plus grand bien de l'âme de Dagobert.

Sous la direction du comte Eloi, les travaux marchaient rapidement. Dagobert voulut profiter de l'été de 628 pour commencer à visiter par lui-même ses nouveaux Etats. La Bourgogne, qu'il ne connaissait pas, fut le but de son premier

---

[1] Éloi ou *Eligius* fut d'abord orfèvre et dut, comme on le sait, le commencement de sa fortune à son honnêteté : chargé par le roi Clotaire II de lui faire un trône d'or (très probablement un simple fauteuil de bronze doré), il employa consciencieusement l'or qui lui avait été remis par le trésorier royal et présenta à Clotaire ébahi deux fauteuils d'or au lieu d'un. Le roi regarda Éloi comme un prodige d'honnêteté pour ne pas avoir volé la moitié de l'or qu'on lui avait confié et l'attacha à sa cour en qualité de monétaire. L'admiration que ses contemporains témoignèrent à Éloi pour son extraordinaire honnêteté, qui leur parut sans exemple, ne témoigne pas en faveur des mœurs mérovingiennes et fait en particulier peu honneur aux orfèvres ordinaires de Clotaire.
Oculi, soi-disant fils d'Éloi, d'après une complainte moins populaire que celle de Dagobert, est un personnage imaginaire.
On sait que saint Éloi, entré dans les ordres après la mort de Dagobert, mourut évêque de Noyon ; son ami, le grand référendaire Audoïn, dont nous parlerons souvent, n'est autre que saint Ouen, plus tard évêque de Rouen. Nous avons expliqué dans *Brunehaut*, note sur *l'État de la famille royale des Mérovingiens en 566*, combien il était facile en ces temps-là d'obtenir les honneurs de la canonisation, décernés alors non par les papes, mais par chaque église qui récompensait de ce titre tous ses bienfaiteurs.
[2] *La psalmodie perpétuelle*, exécutée par des moines qui se relayaient jour et nuit, de manière que le chant sacré ne fût jamais interrompu, était fort en honneur dans les premiers siècles, nous ne dirons pas du christianisme, mais du catholicisme. Ce fatigant exercice de piété, qui exigeait un nombre considérable de moines ou de prêtres, tomba peu à peu en désuétude.
Il ne faut pas confondre la psalmodie perpétuelle avec l'adoration perpétuelle encore en usage dans plusieurs communautés religieuses.

voyage ; c'était alors le plus paisible des trois royaumes. Depuis la mort de Warnachaire, les leudes burgondes n'avaient plus voulu de maire du palais, désirant, disaient-ils, n'obéir absolument qu'au roi.

Le voyage de Dagobert ne fut qu'un long triomphe ; de ville en ville, par les coteaux bourguignons, le roi s'en allait, cheminant avec une sage lenteur, escorté de toute sa cour. A l'entrée de chaque cité le cortège royal se formait en bon ordre et défilait en pompe sous les hautes portes romaines des vieux centres municipaux. Un corps de musiciens, de clercs chantant des cantiques, ouvrait la marche, attirant par cette harmonie les flots pressés du populaire ; portées avec grand respect sur les épaules des clercs *castrenses*, venaient ensuite les châsses des saints désignés pour veiller au succès du voyage ; après les saints, c'était le roi à cheval, accompagné des ducs Amalgaire et Arnebert, d'un patrice burgonde, son ami Willibade, des comtes palatins et des grands chefs des environs convoqués pour lui faire honneur. La reine Gomatrude suivait, assise dan s un grand char de bois, de forme monumentale, tout plaqué d'argent ; à cheval, autour d'elle se pressait une nuée de filles d'honneur en brillants atours ; puis venaient, escortés des gardes du palais, les trésoriers et les cubiculaires, surveillant les mulets et les chameaux1, qui portaient dans de grands coffres la vaisselle, l'argent et les archives du roi. A perte de vue, sur la route s'étendait une longue file d'hommes d'armes, de clercs, de valets, de jongleurs, attardés aux cabarets du grand chemin, mélange chatoyant de cottes militaires, de chemises de mailles, de cagoules sombres, de tuniques bariolées, long ruban diapré qui se déroulait paresseusement dans la campagne ensoleillée.

On pourrait appeler ce voyage les *grands jours* de Dagobert. Dans chaque ville, en effet, le roi s'arrêtait, improvisait un tribunal, et rendait patriarcalement la justice à tout venant. Cette tournée judiciaire était du reste bien nécessaire : les grands du pays, n'étant plus soumis qu'à la lointaine autorité du roi, se gardaient bien, il est vrai, de se révolter contre un pouvoir aussi peu gênant, mais, en revanche, ils ne se faisaient plus scrupule d'horriblement tourmenter leurs serfs et même le menu peuple libre, trop faible alors pour pouvoir même songer à résister, pour compter dans l'Etat. Il n'y avait plus en Bourgogne d'autres lois que les fantaisies des *farons*, d'autres règles que leurs caprices. Et Dieu sait ce que pouvaient être les caprices ou les fantaisies d'un *faron* du temps de Dagobert !

L'historien ami des Pépin et des Arnoul, Frédégaire lui-même, est bien forcé de reconnaître que la venue de Dagobert terrifia merveilleusement les évêques, les grands et tous les leudes, mais que le roi fit le bonheur des humbles en leur rendant enfin justice. Langres, Dijon, Saint-Jean-de-Losne, Châlons-sur-Saône, Autun, la vieille cité aimée de Brunehaut, Auxerre, Sens, furent successivement visités par le roi, qui mettait tant de conscience à remplir ses fonctions de justicier qu'une fois assis à son tribunal, il ne prenait plus le temps de manger ni de dormir, avant qu'il eût renvoyé satisfaits tous ceux qui venaient l'implorer. Dagobert était devenu un véritable Salomon (du moins quant à la manière de juger) ; à table, au lit, même au bain, il ne cessait de rendre la justice, parfois, il est vrai, d'une façon un peu expéditive : à Saint-Jean-de-Losne, étant entré dans le bain avant le jour, afin de partir de bonne heure pour Châlons, il fit sommairement mettre à mort, à cause de plusieurs trahisons, le duc Brodulphe,

---

1 Voir sur ces animaux, alors aussi communs que les chevaux dans toute la France, la note sur *les Chameaux*, de *Brunehaut*.

oncle de Caribert. Hâtons-nous de dire, pour excuser Dagobert, que ce duc Brodulphe, à la fois frère de la mère de Caribert et de l'épouse de Dagobert, était resté à la cour, au lieu de suivre son neveu en Aquitaine, pour espionner le roi, et qu'il cherchait en ce moment à profiter du mécontentement qu'inspirait à quelques leudes burgondes la rigide équité de Dagobert pour les exciter à se révolter en faveur de Caribert. Nous avons d'ailleurs expliqué déjà dans notre *Brunehaut* (voir *Brunehaut*, Paris, 1878, note sur la *mort de Rauching*) que cette forme brutale de rendre la justice ne choquait pas nos ancêtres autant que nous autres, modernes formalistes.

De Sens, Dagobert, pressé de revenir pour l'inauguration de la basilique de Saint-Denis, se rendit à la villa royale de *Romiliacum*, Reuilly, près Paris. Là, il ne prit que le temps de répudier sa femme, la reine Gomatrude, sœur éplorée du défunt duc Brodulphe, d'épouser vivement une fille d'honneur, Nanthilde, sortie du reste d'une grande famille neustrienne, et il revint en hâte au palais de Clichy.

On était à la veille de l'inauguration de l'église de Saint-Denis ; une foire, concédée par le roi pour enrichir sa pieuse fondation, devait également s'ouvrir le jour de l'inauguration du sanctuaire ; cette double cérémonie avait attiré aux alentours de l'abbaye et du hameau de Catuliacum, qui désormais s'appellera Saint-Denis, un immense concours de peuple. Dagobert, fatigué sans doute de son récent voyage et de ses noces nouvelles, reposait tranquillement en rêvant à la solennité du lendemain, quand tout à coup un cubiculaire entre dans sa chambre et le réveille : Levez-vous, ô roi, lui dit-il, un miracle vient d'avoir lieu dans votre basilique. Dagobert, tout surpris, s'habille à la hâte ; tous les habitants de la villa de Clichy sont bientôt réunis dans la grande salle du *consistorium*1. On s'informe, on s'interroge ; que s'est-il donc passé ? — Il paraît qu'il y a eu un miracle. — Mais quel miracle ? Chacun questionne son voisin. Enfin, au milieu de l'agitation universelle, on introduit un pauvre homme encore tout ému ; il était lépreux, raconte-t-il d'une voix tremblante, et il s'était introduit, au coucher du soleil, dans l'église de Saint-Denis. Au milieu de la nuit, le Christ lui est apparu, consacrant de sa propre main les murs de l'édifice saint, et il lui a annoncé qu'il serait guéri. Et, en effet, le narrateur paraissait parfaitement sain de corps.

A ce récit, les évêques et les clercs du palais admirent ; mais les ducs et les comtes semblent hésitants ; l'assemblée n'est évidemment pas convaincue. Dagobert, esprit fort, et qui n'a jamais eu que des apparitions de saint Denis ou de saints inférieurs comme Rustique et Eleuthère, est, peut-être sans s'en rendre bien compte, légèrement froissé. Le Christ ne lui semble pas avoir assez respecté l'ordre hiérarchique. Dieu apparaître à un simple lépreux, et n'envoyer que des saints ou des bienheureux à un roi, cela lui paraît choquant ; bref, il n'a pas l'air d'ajouter grande foi au miracle et hoche même la tête d'une façon fort dubitative.

Mais venez ! s'écrie avec désespoir le ci-devant lépreux ; je suis prêt à vous donner une preuve convaincante de la vérité de mon miracle ; venez voir par vous-mêmes et vous croirez comme moi. Et le voilà qui court vers Saint-Denis, suivi de toute la cour, curieuse de voir cette preuve évidente. On arrive à la basilique ; les moines, déjà tout en rumeur à la première nouvelle du prodige, s'empressent d'accueillir la royale compagnie. Mais, pas de vaines cérémonies :

---

1 C'était la salle d'honneur des palais mérovingiens, l'endroit où se réunissaient tous les commensaux des villas royales.

Dagobert, comme tout le monde, est avide d'être convaincu. Le lépreux pénètre dans la nef, guide le roi, le mène devant une fenêtre, s'arrête : C'est par cette fenêtre-là même que j'ai vu, de mes yeux vu, pendant mon sommeil, le Christ entrer dans l'église.

Devant cette preuve irrécusable, les personnes pieuses tombent à genoux, les plus incrédules se taisent, Dagobert et les esprits forts sont terrassés ; les moines entonnent un cantique d'allégresse, les cloches sonnent à toute volée, et, dehors, sans trop savoir au juste de quoi il s'agit, le bon peuple amassé sur la place crie Noël au nouveau miracle.

V

La foire de Saint-Denis.

Rien n'égalait l'animation qui régnait le long de la grande route menant des faubourgs de Paris vers le nord, depuis le petit hameau du Plessis-Saint-Martin[1] jusqu'aux abords de l'abbaye de Saint-Denis. Tous les peuples, sujets ou tributaires des rois chevelus, s'y étaient donné rendez-vous des points les plus éloignés du vaste empire mérovingien. Une immense ville de baraques de bois, de huttes de feuillage, était, en quelques jours, comme par miracle, sortie de terre. Plus puissant que Pompée, qui frappant le sol du pied en faisait sortir des soldats, l'Intérêt n'a qu'à agiter son emblématique caducée pour créer en un instant villes nouvelles et cités neuves. Avant sa foire, Saint-Denis n'était qu'un hameau misérable, inquiété par les loups, perdu dans les landes, dont les rares habitants gagnaient péniblement leur vie à bûcheronner dans les maigres chênaies de la *sylva Roverita*. Mais, à dater du jour où Dagobert avait autorisé la création d'une foire annuelle, la ville de Saint-Denis avait été créée. Des milliers de visiteurs y avaient afflué, car c'était chose rare alors qu'un endroit où l'on pût commercer en sûreté.

Les marchands s'étaient divisés par peuples, chaque compatriote vendant à peu près les mêmes marchandises. Ici se tenaient les Gallo-Francs de Neustrie, qui avaient principalement apporté du miel, de la garance, des vins *herbés*, c'est-à-dire où l'on avait fait infuser diverses plantes aromatiques, le plus souvent de l'aulnée ou de l'absinthe. Là, c'étaient les Frisons avec leurs draps épais, ornés de brillantes rayures bleues, rouges, blanches, vertes comme les *plaids* des montagnards d'Écosse ; près d'eux, les Saxons entassant à leurs pieds de lourdes épées de fer, moitié glaives et moitié massues, et regardant d'un œil de dédain les lames fines et frêles qu'exposaient à côté d'eux les hommes, maigres et brunis par le soleil, venus du royaume gothique de Tolède. Plus loin, veillant précieusement sur leurs richesses étalées, les groupes, unis pour la défense, des

---

1 Le Plessis Saint-Martin (*Passellus Sancti Martini*). — Plessis a là, croyons-nous, le simple sens d'un enclos fermé. Ce Plessis Saint-Martin était situé à peu près à la place de la porte ou du moins du faubourg Saint-Martin.
Ne pas confondre la foire de Saint-Denis avec celle du Lendit (de l'Indict), instituée plus tard par Charles le Chauve ; la foire du Lendit, fixée d'abord au mercredi le plus proche de la Saint-Barnabé, fut établie définitivement au deuxième mercredi de juin, tandis que la grande foire de Saint-Denis avait lieu le jour de la Saint-Denis en octobre.

marchands d'Avignon, de Marseille et de Lyon ; riches entremetteurs de l'Orient et de l'Occident, offrant aux yeux ébahis du leude franc et du Tète gaulois les tissus de Byzance et de Trébizonde, l'huile odorante de Judée, les papyrus d'Alexandrie, les soieries d'Asie, les toiles d'Égypte, et surtout, tentation violente, des flacons de ce vin de Gaza, l'idéal des gourmets d'alors. Moins splendidement approvisionnés, quelques marchands austrasiens, de Metz ou de Verdun, revenus de Constantinople par la longue route de terre, offraient en petites quantités les mêmes marchandises opulentes. Réunis à ces corporations, les orfèvres étalaient avec une certaine timidité leur vaisselle d'argent, leurs bijoux d'or, leurs grands plats incrustés de pierreries, fausses du reste généralement[1], leurs reliures d'ivoire, d'émail ou d'or massif, destinées à emboîter les précieux feuillets des saintes Écritures.

Si devant ces deniers étalages se pressaient de préférence les paisibles clients, les clercs et les gens d'église, en face c'était le contraire. A cet endroit s'étaient rassemblés les marchands lombards qui, bien différents de leurs fils, les pâles usuriers du moyen âge, offraient à l'admiration béante des hommes de guerre les fiers chevaux de bataille élevés aux rives de l'Eridan, dans les prairies de Mantoue, nobles animaux, légers, sveltes, ardents, et que les Francs de Neustrie commençaient à préférer aux lourds étalons de Belgique, ces épais *warranions* restés les montures favorites des vieux nobles germains d'Austrasie.

Près de ces Lombards loquaces, remuant sans cesse, sautant en selle, en ressautant, faisant bruyamment valoir leurs chevaux, graves, silencieux se tenaient les Saxons d'Angleterre, alliés des Francs, non leurs sujets ; de grands chiens au museau de loup restaient couchés à leurs pieds, et, devant eux, sur des perchoirs fichés en terre, graves comme leurs maîtres, demeuraient immobiles, à peine tournant la tête au grand fracas de la foule, les oiseaux nobles, les faucons, sous leur casque de drap rouge, empanaché de plumes de héron.

Plus loin, on traversait une longue file de lourds chariots, lentement venus de Marseille, d'Aix, d'Arles, d'Antibes ou de Fréjus, chargés de grandes amphores en terre brune, remplies de l'huile du Midi, si nécessaire aux sombres basiliques pour remplacer le pale et fugitif éclat du soleil embrumé du Nord.

Dans les rues que formait cette foule d'échoppes, de tentes, d'étalages et d'établissements divers, circulaient des musiciens ambulants, pauvres orchestres peu compliqués ; la flûte, la harpe, le psaltérion en faisaient tous les frais avec un instrument plus bruyant qu'harmonieux, une tige de lance garnie de plusieurs rangs de clochettes, qu'on appelait alors un carillon et qui n'était autre, en somme, que notre moderne chapeau chinois. Ces primitifs instruments ne servent d'ailleurs qu'à soutenir la voix des chanteurs, entonnant à plein gosier la chanson déjà populaire, faite en l'honneur de Clotaire et de Dagobert[2], tous deux vainqueurs des Saxons.

---

[1] Les pierreries vraies étaient très souvent remplacées par des verroteries sans valeur. Pour empêcher autant que possible les tromperies, les marchands avaient défense absolue de vendre des pierreries le soir, à la lumière. Cela n'empêchait pas les leudes francs d'être généralement victimes des fourberies des marchands, qui leur faisaient prendre en plein jour des verroteries sans valeur pour des pierres de toute rareté.
[2] Voici les deux premiers couplets de cette curieuse chanson populaire du septième siècle ; on les trouve dans la *Vie de saint Faron* ; ils sont monorimes, ce qui les fait paraître un peu monotones :

La surveillance de la foire appartenait aux officiers de l'abbé de Saint-Denis ; on voyait les *exactores* de ce haut dignitaire s'arrêter devant chaque étalage pour prélever sur les marchandises exposées les divers droits, royaux ou autres, dont jouissait l'abbé sur tout le territoire de Saint-Denis. D'abord, chaque marchand étranger payait pour droit de stationnement deux sous d'or par charrette ; les négociants francs ou tributaires, tels que Lombards, Saxons, Frisons, etc., n'étaient, plus heureux, taxés qu'à douze deniers. Mais, en revanche, on exigeait scrupuleusement de tous les droits suivants dont serait jaloux un ministre des finances moderne : droits de douane, de navigation, de port, de débarquement, droit sur les roues des voitures, droit sur leur attelage, droit pour l'entretien des routes, et même, splendide invention fiscale, due à quelque génie ignoré, droit pour la réparation des haies et clôtures qui auraient pu être endommagées par les chariots pendant le cours du voyage ; puis droit de muage, droit de forage, sur les vins débités à la foire, droit de los, sur toutes les ventes, droit de sommage, sur les bêtes de somme ; enfin le droit royal par excellence, *le salut*, qui n'est autre que l'irrévérencieux pot-de-vin, et que les *exactores*, au détriment de l'abbé, prélevaient quelquefois en nature, à leur profit personnel.

Chaque marchand, en rechignant, acquittait cette longue série de contributions. Malgré cette levée d'impôts, chose en elle-même peu divertissante, la foire de Saint-Denis n'en était pas moins gaie. Voyez là-bas, au milieu de la foule, qu'y a-t-il donc ? tout le monde accourt en se bousculant ; les pauvres musiciens sont délaissés par leur auditoire ; les marchands eux-mêmes, imprudents, quittent leurs échoppes et viennent grossir la cohue. Il faut que le spectacle prévu soit vraiment bien attrayant. Certes oui : ce doit être un supplice, car voici le frère portier de l'abbaye, revêtu par le roi de l'office de prévôt de la foire, qui s'avance suivi de ses bedeaux armés de baguettes blanches et de ses tormentaires munis de verges. Ils entrainent un homme rouge, suant, tout époumoné, portant avec grande peine sur ses épaules une femme glapissante, vêtements en désordre, cheveux au vent, robe en lambeaux ; c'est une fille de vertu douteuse que, malgré les règlements de Dagobert et de l'abbé[1], quelque tavernier, trop avide de gain, a recueillie dans sa maison ; or, la loi veut que la courtisane soit fouettée publiquement et que l'homme qui lui a donné asile la porte sur ses épaules jusqu'au lieu du supplice.

Quelle joie pour tous les manants ! On rit, on hurle, on se heurte pour mieux voir. Mais, alerte ! la foule s'écarte, les cris cessent, c'est le roi qui vient. Les longues trompes royales ont résonné à l'entrée du champ de foire ; en grand

---

La rime est riche, mais manque de variété ; le dernier vers du premier couplet est un peu long ; mais, néanmoins, cet essai poétique offre un côté curieux. C'est peut-être la première complainte que nos pères aient chantée ; sans doute, ils la trouvaient bonne ; les malheureux, hélas ! ne connaissaient ni le Juif errant, ni le Roi Dagobert.

1 Cette loi de police, fort ancienne, fut remise en vigueur par Charlemagne.

cortège arrive Dagobert pour ouvrir officiellement la foire de *Monseigneur saint Denis*.

Faisons comme les badauds ; en l'air les bonnets, crions Noël, rangeons-nous et regardons le roi passer.

Voici d'abord sur leurs chevaux piaffants les cymbaliers et les trompettes du roi, ces derniers sonnant dans des cornets d'ivoire richement ornés d'or, ou dans de longues trompes de cuivre décorées de lambrequins de soie, de chaînes de vermeil. Puis, c'est le roi sur son grand cheval blanc : Dagobert a revêtu le costume solennel des rois mérovingiens ; sur sa tête brille le bandeau doré, tout semé de perles, que les monarques francs ont emprunté aux Augustes byzantins ; sur ses épaules flotte un grand manteau bleu, relevé sur les côtés et pendant sur la croupe du cheval ; à ce manteau est cousu tout un essaim d'abeilles d'or, curieusement travaillées ; une tunique d'étoffe orientale brodée de perles, de rubis et de saphirs, apparaît sous le manteau, traversée par un large baudrier de drap d'or soutenant dans son fourreau de cuir blanc l'épée royale, dont la lame catholique, effroi des Saxons païens, est toute parsemée de petites croix d'or en relief ; des cuissards et des jambières lâches de drap rouge, entourés de bandelettes de soie pourpre, des souliers de cuir doré, moulant la forme du pied, complètent l'habillement du roi. Sa droite soutient un long sceptre, chef-d'œuvre du monétaire Éloi, dont la pomme représente un homme assis sur un aigle aux ailes éployées, souvenir sans doute des apothéoses romaines.

A côté du roi, presque sur la même ligne, vêtu de fer et casque en tête, monté sur un lourd cheval de guerre, marche le vieux Pépin, le redoutable maire d'Austrasie ; après eux, se pressent les principaux officiers, les comtes, les courtisans ; c'est d'abord le confident de Dagobert, Æga, le Gallo-Romain. Près de lui, ce grand comte, maigre, pâle, imberbe, à tournure ecclésiastique, c'est le grand référendaire Audoïn, qui plus tard sera saint Ouen. Quant à ce brillant cavalier au visage coloré, aux cheveux blonds tout frisés, galamment vêtu de soie claire, paré de bracelets étincelants, chamarré de perles de la tête aux pieds et qui porte fièrement sur sa cuisse une large bourse de drap d'or, saluez-le, vous le connaissez assurément, c'est le célèbre saint Éloi. Voici maintenant le patrice burgonde Willibade, revêtu de son riche costume de magistrat romain, la tunique blanche bordée de pourpre et couverte de palmes d'or. Ces deux hommes en cottes de mailles, ce sont les deux comtes palatins, Tassillon et Wandrille. Derrière eux, s'avance une nuée d'officiers, de leudes attachés au roi ; ils sont vêtus d'étoffes de Byzance, à ramages invraisemblables, à couleurs heurtées, mais tous portent le grand manteau de drap vermeil à torsades d'or, qu'imposent à ses commensaux l'étiquette et la générosité du roi.

Traversant le long champ de foire, le roi se dirige vers la basilique ; les cloches sonnent, la grande porte s'ouvre et sur le parvis paraît le premier abbé de Saint-Denis, Aygulphe, entouré d'un resplendissant cortège d'évêques, de chorévêques, de diacres et de chantres ; au chant sonore des hymnes, à travers la fumée lourde de l'encens, Dagobert s'avance dans l'église, va prier au tombeau des martyrs, les conjure d'avoir pour agréables l'abbaye fondée en leur honneur et la foire établie à leur profit. Pieusement, il dépose cent sous d'or dans le gazophyle, rente perpétuelle qu'il entend imposer à ses successeurs. Puis, la cour se répand sur la place de la fête, visite les marchands ; vers le soir, le cortège se reforme en bon ordre, et s'apprête à quitter Saint-Denis. Et, à travers les vignes qu'on vendange, par la vieille voie romaine qui s'en va vers Pontoise, tout encombrée de vignerons en liesse, de charrettes de raisin, d'ânes chargés de paniers, sur un tapis de pampres joyeusement foulés, le bon roi Dagobert, souriant, heureux de sa journée, gagne au pas lent de son cheval sa villa où l'épine fleurit au printemps, son cher logis d'Épinay.

VI

Naissance de Sigebert, fils de Ragnetrude. Voyage de Dagobert en Austrasie. Changement de politique de Dagobert. Arnoul renvoyé de la cour. Pépin joué par Dagobert. Voyage du roi en Neustrie. Baptême de Sigebert à Orléans. Révolte de Poitiers ; Dagobert se venge de la malveillance de saint Hilaire. 629-630.

Dagobert est donc tout-puissant, aimé de son peuple, craint des grands, bien vu de l'Eglise ; à partir de ce moment, il se sent assez fort et sa ligne de conduite va changer entièrement. Nous allons le voir, lui le fils de Clotaire II, le petit-fils de Frédégonde, répudier la politique de ses aïeux et en revenir aux projets de réforme de Brunehaut. C'est la meilleure preuve assurément de la nécessité de ces réformes que de les voir s'imposer à Dagobert.

Deux choses tourmentaient alors tout particulièrement le roi ; d'abord, la crainte de ne pas avoir d'héritier de son sang. En vain avait-il répudié sa première femme, Gomatrude, depuis longtemps stérile ; sa nouvelle épouse, Nanthilde, ne lui donnait pas plus d'espérances de paternité que la reine Gomatrude. Son second sujet de crainte, c'était l'énorme influence, et grandissant toujours, que possédaient en Austrasie Arnoul et son compère Pépin.

Au premier de ces deux tourments, on pouvait à cette époque facilement trouver remède. Profitant de l'obscurité des lois à ce sujet, usant des privilèges reconnus aux grands par la coutume, Dagobert, sans répudier cette fois Nanthilde, compagne de son choix et qui ne lui avait pas été, comme Gomatrude, en quelque sorte imposée, Dagobert, disions-nous, se décida à prendre une femme supplémentaire[1], Ragnetrude, issue d'une puissante famille d'Austrasie, très-probablement rivale de la dynastie naissante des Pépin.

Quant au second tourment du roi, à la crainte que lui inspiraient l'évêque de Metz et le maire d'Austrasie, c'était chose différente ; il était dangereux de s'attaquer à ces deux hommes qui avaient été assez forts pour faire succomber Brunehaut et pour dominer, pendant toute la durée de sa vie, le victorieux Clotaire II. Dagobert hésita pendant quelques mois ; avant de prendre un parti, il résolut d'aller en personne visiter son ancien royaume d'Austrasie.

Pendant ce voyage, Ragnetrude accoucha d'un fils ; par gracieuseté pour les Austrasiens, on donna à cet enfant le nom de ce malheureux Sigebert, époux de Brunehaut, dont le souvenir était resté populaire dans le pays de l'Est. Cette

---

1 Ragnetrude ne porta pas le titre de reine ; elle n'était pas femme légitime ; mais la concubine avait une existence légale parfaitement reconnue ; ses enfants avaient droit à l'héritage. L'Église, à partir de Dagobert, commence seulement à s'élever contre l'habitude que les rois avaient d'épouser plusieurs femmes à la fois. Nous avons essayé de prouver, dans le panégyrique, que Dagobert a été calomnié sous le rapport des mœurs.

naissance combla de joie Dagobert ; c'était un coup funeste pour le parti des Pépin. En cas d'extinction de la race de Dagobert, Caribert, d'une naissance douteuse, et devenu par un long séjour à Toulouse un véritable Aquitain, n'aurait eu aucune chance de régner sur les peuples germaniques du Nord-Est, et le trône serait assurément revenu, comme de droit, à la famille du maire d'Austrasie. La naissance de Sigebert renversait tous ces plans ; le sang de Mérovée était encore trop respecté pour qu'on pût songer à remplacer par une nouvelle dynastie l'antique descendance des rois chevelus.

Cependant, les Austrasiens s'étaient pris d'une belle passion pour le prince nouveau-né. Déjà les évêques et les leudes, préférant la licence probable d'une minorité à l'autorité plus ferme de Pépin ou de son fils Grimoald, sollicitaient Dagobert de leur confier son héritier et de le leur donner pour roi. Dagobert comprit alors qu'il pouvait agir à sa guise ; il brusqua son voyage, revint à Clichy, au milieu de ses fidèles populations neustriennes, et là, sûr de l'avenir, subitement il jeta le masque.

Arnoul, depuis qu'il est évêque, affiche une grande piété. Dagobert lui fait observer que le séjour des cours est fatal à la vertu, il lui conseille par intérêt pour son salut éternel de se rendre dans un ermitage isolé, au fond d'une gorge des Vosges. A cette ouverture, Arnoul reste d'abord stupéfait, semble hésiter. Dagobert insiste chaleureusement, et le prélat, comprenant qu'il s'agit aussi bien de son salut corporel que de son salut spirituel, s'incline devant la volonté du roi, et se décide, en désespoir de cause, à devenir saint, puisqu'il ne peut rester ministre. Maintenant, c'est au tour de Pépin ; pour lui, c'est plus difficile : il n'a aucune vocation pour la sainteté[1]. Comment faire ? Il y a bien, pour le mettre hors d'état de nuire, un moyen énergique et radical. Mais Dagobert n'a pas le tempérament sanguinaire. Pépin a rendu jadis des services à Clotaire et à son fils, et le roi ne voudrait pas verser son sang ; cependant le maire d'Austrasie l'inquiète encore plus que l'évêque. Que résoudre ? Exiler Pépin. Mais l'exilé ne tarderait pas à devenir un chef de révoltés. Dagobert, après réflexion, s'éprend subitement d'une violente amitié pour Pépin. Celui-ci, froissé, inquiet du départ d'Arnoul, voudrait quitter la cour, retourner dans ses domaines du Nord. Jamais ! Dagobert ne peut se passer de lui. Pépin restera auprès du roi, honoré, respecté..... et surveillé, crainte de quelque accident. Jamais Dagobert ne se séparera plus de lui, pas même en voyage. Pépin n'a plus besoin de sa charge de maire d'Austrasie ; une charge, si haute qu'elle soit, est au-dessous de son mérite ; un simple duc le remplacera ; Pépin sera dorénavant bien plus que le premier officier du royaume ; il sera le favori, l'intime du roi, son frère, son inséparable compagnon. Et c'est ainsi que l'infortuné Pépin, joué par le jeune Dagobert, se vit réduit à remplir en maugréant le rôle de favori malgré lui.

L'administration des trois royaumes est alors bouleversée de fond en comble ; les maires du palais sont supprimés. Comme dans l'empire romain, il n'y a plus qu'une seule tête qui domine, qu'une seule volonté qui dirige. Dagobert institue un véritable ministère ; le gouvernement proprement dit, ce que nous appellerions le département de l'intérieur, est partagé entre trois personnes : Æga est chargé de la Neustrie, le patrice Willibade de la Bourgogne ; quant à la turbulente Austrasie, elle est confiée aux soins d'un homme de guerre, au cœur énergique, le duc Adalghisel. Audoïn, le grand référendaire, garde le sceau royal,

---

1 Pépin fut néanmoins canonisé en qualité de bienfaiteur de couvents ; mais c'est un saint peu fêté.

c'est le chancelier ; et le comte Éloi, maintenu dans son poste de monétaire palatin, surveille en outre les finances des trois royaumes.

Dagobert, tranquille désormais, voulut continuer le cours de ses utiles voyages ; le sud de la Neustrie réclamait sa venue ; en conséquence, la cour partit pour Orléans, y compris Pépin, toujours compagnon inséparable du roi, et le jeune prince nouveau-né, Sigebert, qu'on devait baptiser dans l'église cathédrale de cette ville. Le parrain du néophyte devait être son oncle Caribert, qui vivait, depuis la mort de Brodulphe, en parfaite intelligence avec Dagobert. On attachait alors une grande importance non seulement au choix du parrain, mais encore à celui de l'ecclésiastique qui conférait le sacrement du baptême. Pour les princes, naturellement, on choisissait toujours les prélats les plus vénérés, dans la pensée que leur bénédiction serait d'autant plus profitable qu'ils seraient mieux avec le ciel. Sur le conseil d'Éloi et d'Audoïn, Dagobert crut devoir s'adresser pour le baptême de son fils à un pieux personnage, revêtu d'une des formes de l'épiscopat aujourd'hui disparue ; c'était le *chorévèque* Amand, plus tard canonisé comme tout le monde du temps de Dagobert, et remplissant alors ces fonctions de missionnaire, de convertisseur errant, dont les titulaires s'appelaient indifféremment chorévèques, évêques régionnaires ou apostoliques.

Mais ce choix offrait une difficulté ; lors de la répudiation de la reine Gomatrude, Amand, que ses voyages avaient amené aux environs de Paris, était venu trouver Dagobert pour lui reprocher énergiquement ce qu'il nommait irrévérencieusement sa concupiscence. Dagobert, dans le feu d'un nouvel amour, avait fort mal pris la remontrance, et, au grand scandale de l'Église, avait prié Amand d'aller prêcher ailleurs, le plus loin possible de la cour.

Désespérant du salut de Dagobert, Amand s'en était donc allé travailler à celui des païens, encore assez nombreux dans le nord et l'est de la Gaule, et, maintenant, malgré toutes les invitations, toutes les lettres pressantes du roi, il refusait de revenir auprès de lui. En désespoir de cause, on lui dépêcha Éloi et Audoïn, qui parvinrent à l'apaiser et à le ramener avec eux à Orléans où le roi les attendait.

Le baptême eut donc lieu, tel que Dagobert l'avait désiré, baptême évidemment agréable au ciel. Effectivement, pendant la cérémonie, comme Amand venait de prononcer les formules consacrées, et que l'assemblée, fort émue, oubliait le *repons* sacramentel, le jeune Sigebert, dit la légende, plus précoce encore que tous ceux de sa race (il avait quarante jours), articula distinctement le mot latin *amen*, à la stupéfaction générale.

Tandis que se célébraient à Orléans les fêtes du baptême de Sigebert, le comte qui commandait à Poitiers, et dont la conscience justement inquiète prévoyait quelque châtiment, se préoccupait fort de l'approche du roi. Le voyant décidé à continuer son voyage, il s'était mis en état de révolte ouverte[1]. Chose grave, il était soutenu par les habitants de la ville, vieille et importante cité municipale, devenue presque indépendante, grâce aux nombreux privilèges accordés par les

---

[1] Quelques auteurs ont voulu rattacher cette révolte de Poitiers à une rébellion imaginaire de l'Aquitaine. Ce qu'ils ont pris pour la rébellion de l'Aquitaine, c'est la révolte des Gascons, en 636. Dom Bouquet et les Chroniques de Saint-Denis placent en 630 la prise de Poitiers, et Aimoïn semble mettre également à la même époque le pillage de l'église de Saint-Hilaire.

Mérovingiens aux ouailles du grand saint Hilaire, regardé, avec saint Martin[1], comme le patron spécial des Gaules. Dagobert, à la nouvelle de cette rébellion, appelle immédiatement aux armes toutes les milices des environs et marche sur Poitiers. La ville est emportée d'assaut, le comte tué ; quant à la ville elle-même, on la saccagea, ou, du moins, pour employer une vieille et énergique locution, elle eut ses murailles *cravantées*. Dagobert, nous l'avons dit, n'était pas cruel ; il tint quittes pour un peu de prison et pour beaucoup d'amendes ceux des habitants de Poitiers qui n'avaient pas succombé pendant l'assaut. Mais il y avait une chose qu'il ne pardonnait pas, c'était l'ingratitude, et, dans le cas actuel, il était fort irrité contre le patron de la ville, Hilaire. Dagobert semble avoir véritablement considéré comme responsable de tout ce qui s'était passé le bienheureux dont les ossements reposaient depuis trois siècles dans la basilique de Poitiers. Indigné que ce saint, dont il avait précisément quelques mois auparavant enrichi le sanctuaire, n'eût pas usé de sa toute-puissante autorité sur les âmes des Poitevins pour empêcher la rébellion, il le dépouilla de ses trésors, emmena ses restes en exil à Saint-Denis, sans doute pour que l'illustre saint, son protecteur, pût surveiller plus facilement ce malintentionné confrère. Du reste, le roi ne voulut pas profiter personnellement des dépouilles de saint Hilaire ; il les donna à saint Denis, et J. Doublet, dans l'histoire de l'abbaye, cite encore, comme apportés de Poitiers par Dagobert, un grand aigle de cuivre doré (servant de pupitre), ouvrage de saint Éloi, et une vasque de porphyre antique.

Après avoir ainsi triomphé de cette révolte, le roi continua son voyage en Neustrie et dans le nord de l'Aquitaine. Il trouva toute la contrée paisible et revint tranquillement à sa résidence de Clichy, préoccupé de deux grandes idées : créer un code de lois définitives pour ses peuples, et remettre en vigueur un système d'impôts directs, moins illusoires que ceux qui existaient, réforme assurément d'une absolue nécessité, comme nous le montrerons plus tard, mais toujours dangereuse à tenter avec des sujets aussi turbulents que les Français du septième siècle.

VII

Clichy. Saint Éloi. Saint Ouen. Willibade. Æga. L'intérieur et la cour de
Dagobert. Le sermon de saint Ricquier. Retour des ambassadeurs envoyés à
Héraclius. Origine de la descendance fabuleuse des Francs, prétendus héritiers
de Priam. Confusion malheureuse entre les Juifs et les Sarrasins. 630.

Comme la plupart des résidences royales du Parisis, Clichy était une ancienne habitation gallo-romaine, probablement une villa du fisc impérial, considérablement augmentée, avec plus ou moins de goût, par les soins de Clotaire II. Autour du corps de logis principal, occupé par Dagobert, sa famille et le service intérieur du palais, ainsi que par le malheureux Pépin, toujours

---

1 C'étaient alors les deux grands saints nationaux, les deux patrons de la France. Saint Hilaire perdit cette position, qui fut donnée par Dagobert à son révéré protecteur saint Denis ; et, dès lors, les deux patrons de la France furent saint Denis et saint Martin.
Les Francs avaient aussi une vénération particulière pour saint Maurice et saint Polyeucte.

inséparable de son roi, s'était formé un véritable village. Nombre de grands avaient tenu à honneur d'occuper ou même de se faire construire sur le sol royal des pavillons particuliers.

Près du palais, c'est d'abord l'oratoire privé du roi, désigné sous le nom de chapelle, depuis qu'on y dépose avec les reliques de la couronne (*regia sancta*) cette fameuse chape de saint Martin, palladium des rois des deux premières races, dont les heureux possesseurs ne se séparaient jamais. Autour de la chapelle, plusieurs petites cellules sont destinées aux clercs, aux chapelains du roi, ceux de guerre, les *castrenses*, qui suivent leur maître dans toutes ses expéditions, et ceux de paix, les *palatini*, hôtes immuables des demeures royales. Tout près également du palais, voici encore la résidence d'Æga, l'ami et le principal ministre de Dagobert. Ce grand bâtiment isolé, c'est l'académie, l'école palatine, fondée par Dagobert et où l'on élève avec soin les jeunes gens de grande famille destinés à remplir les plus hautes fonctions du palais et de l'État. Là, se réunissent aussi les savants chargés de rédiger définitivement, de mettre en ordre raisonnable les diverses lois et coutumes, saliennes, ripuaires, burgondes, saxonnes, alémaniques, bavaroises, romaines et wisigothes, jusqu'alors vagues et changeantes suivant le caprice des comtes et des centeniers.

Plus loin, voici la résidence et l'atelier du monétaire Éloi. Le brillant comte vieillit et se fait pieux : entrons dans son logis, et jetons, il n'y a plus d'indiscrétion maintenant, un regard curieux sur son intérieur.

Depuis quelque temps, le comte Éloi est bien changé ; il avance dans la vie ; il a épuisé toutes les voluptés, il a vu le néant des grandeurs de la terre et il ne pense plus qu'aux choses du ciel. Lui, jadis le plus élégant, le plus aimable des convives royaux, il néglige maintenant son extérieur et sa toilette ; plus de tuniques de soie claire, plus de ces chemises de lin garnies de broderies d'or qui faisaient l'admiration des dames de la cour, plus de ceintures de vermeil garnies de pierreries ; tout cela a passé en aumônes, en fondations pieuses, et le brillant comte Éloi est arrivé parfois en si piteux équipage auprès du roi que Dagobert, qui n'aime pas les gens mal mis, s'est vu forcé plus d'une fois de lui donner ses propres vêtements. Éloi habite une vaste salle, tenant toute la maison, qui lui sert en même temps de chambre à coucher pour lui et pour ses aides, d'oratoire, de bibliothèque et d'atelier.

Dans les coins sont quelques couchettes, dont une, recouverte d'un cilice, est destinée au grand monétaire lui-même. Tout autour de la pièce, des planches sont fixées le long des parois, toutes chargées de beaux manuscrits ; les uns sont plats comme nos livres modernes, reliés avec des ais de hêtre ou d'érable, souvent même avec des plaques d'or ou d'ivoire, dépouilles de quelque bibliothèque consulaire ; le dos est en parchemin ou en toile ; ce sont les *codices* ; d'autres, les *plicatiles*, présentent une série de feuillets qui se déplient et se replient les uns sur les autres ; d'autres encore, les *volumina*, formés de feuilles séparées comme les *codices*, sont roulés autour d'un cylindre de bois et renfermés dans de longs étuis ronds. Quelques-uns de ces manuscrits, écrits en lettres d'or sur fond de pourpre, sont l'objet de l'admiration universelle des contemporains lettrés ; presque tous contiennent de pieux ouvrages, les Écritures saintes, les Pères de l'Église, des traités de théologie ; en fait d'auteurs profanes, on n'y rencontre guère que Virgile, tenu en grande estime, sans doute parce qu'il commence à jouir déjà de sa fallacieuse réputation de magicien, et que le *Satyricon* de Martianus Félix Capella, sorte d'encyclopédie que prisaient fort les érudits.

Du plafond descend, en manière de lustres, une quantité de petits reliquaires curieusement travaillés et renfermant des ossements des saints les plus respectés. Près d'une large baie se trouve un grand établi ; c'est là qu'Éloi travaille à ses chefs-d'œuvre ; au-dessus de l'établi est fixé un pupitre toujours chargé d'un livre pieux qu'Éloi, couvert d'une tunique de bure, les reins ceints d'un cilice, parcourt tout en travaillant. C'est dans cette étrange demeure qu'habitent avec lui ses premiers élèves Tillon et Baudéric, son cubiculaire Tituen, ses aides Buchin, André, Jean et Martin.

Dans ce vaste atelier règne une constante activité ; tantôt on s'y occupe à quelque travail d'orfèvrerie pour la chapelle ou la table du roi, tantôt on y frappe en hâte, suivant les besoins de la cour, la monnaie d'or à l'effigie de Dagobert, dont Eloi s'est réservé la surveillance. Et, au bruit des soufflets qui gémissent, des marteaux qui frappent, des métaux en fusion qui sifflent et qui bouillonnent, se mêle à chaque moment le murmure sourd d'une litanie ou la clameur haute d'un cantique entonné en chœur par les compagnons du courtisan converti, tous destinés à devenir des saints comme Tillon (plus tard saint Téau), des martyrs comme Tituen, de pieux abbés comme Buchin, ou du moins de vénérables clercs comme le commun des ouvriers du grand saint Eloi.

A côté d'Éloi demeure son ami Audoïn, avec tout le personnel de la chancellerie et l'évêque de Cologne, Cunibert, indulgent prélat, grand favori du roi Dagobert.

Quant au palais proprement dit, il ressemblait à celui de la reine Brunehaut, dont nous avons longuement parlé dans un volume précédent. (Voir *Brunehaut*. Paris, 1878, chapitre X.) L'habitation de Dagobert se distinguait seulement de celle de la reine d'Austrasie par une plus grande profusion d'étoffes et de tentures, genre de luxe alors à son apogée. Dagobert quittait rarement Clichy ; grand chasseur, il avait là, à sa porte, les grands bois de chênes de Rouvray, la forêt de Leucanie (Bondy), les bruyères giboyeuses du mont des Martyrs, les pentes agrestes de la colline du Roule, et, dans un rayon assez rapproché, plusieurs vastes forêts dépendant du fisc royal. Puis saint Denis était là tout prêt pour guérir son corps en cas de maladie, ou sauver son âme en cas de mort.

Le roi était fort hospitalier ; il aimait beaucoup, à son repas du soir, à se voir entouré d'une foule pressée d'invités ; dans toutes les chroniques, dans toutes les vies des saints, nous le voyons s'empresser d'engager à sa table tantôt un chef tributaire, tantôt un ambassadeur, très souvent un évêque ou un moine. Quelquefois, de ces invitations faites avec un peu trop de hâte, le roi eut à se repentir, témoin son aventure avec saint Ricquier, qui fut dans la suite, vers 64o, abbé de Centulle, près Crécy, mais qui n'était alors qu'un pauvre cénobite vivant avec quelques compagnons. Dans une chasse, Dagobert avait rencontré ce vénérable personnage, qui, usant de la licence ecclésiastique, avait vigoureusement tancé le Salomon mérovingien, lequel, déjà blasé sur ces reproches, avait, suivant son invariable habitude, répondu gracieusement par une invitation à souper.

Le soir était venu : dans le *trichorum* commençaient à se réunir les convives royaux. Sur de grandes tables jonchées de fleurs, de mousse verdoyante, brillait l'orfèvrerie exécutée par Éloi ; outre les vases et les bassins d'or, relevés de pierres précieuses et d'émaux à la mode byzantine, on y remarquait, nouvelle recherche du luxe, des plats de marbre destinés aux aliments qui devaient se manger froids, tandis que les mets chauds étaient dressés sur des *missoires* d'argent et de vermeil, dont les larges rebords étaient tout chargés d'inscriptions pieuses, de devises chrétiennes, le contenant devant, d'après Éloi, nourrir l'âme, tandis que le contenu sustenterait le corps. Des torches fichées sur des piques d'argent, des luminaires de vermeil remplis d'huiles parfumées éclairaient la réunion.

L'étiquette, empruntée à la cour de Byzance, légèrement modifiée, régnait en souveraine à celle de Clichy. Chaque grand officier de la couronne, honoré d'une place à la table royale, arrivait avec son cortège de dignitaires inférieurs qu'attendaient d'autres tables disposées autour de la salle. Voici, précédé des gardes palatins, le comte du palais de service, le noble Tassilon, qui ouvre la marche, puis le grand monétaire Éloi, avec ses aides et ses artistes, l'infortuné Pépin, surveillé de près par le ministre Æga, le premier chapelain du roi, le grand référendaire Audoïn, à qui font cortège ses référendaires, ses notaires et ses écrivains au titre lugubre, les rédacteurs de testaments. Après eux, c'est le grand chambellan (*camerarius*) qu'escortent les premiers cubiculaires et les trésoriers royaux, le comte de l'écurie et ses maréchaux, le grand conservateur, chargé, non pas, comme on pourrait le croire, de quelque musée ou de quelque bibliothèque, mais bien des forêts et des chasses, le comte des voyages et les officiers de la manse (*mansionarii*), le domestique du palais, de qui dépendent l'exploitation du domaine et le gouvernement des serfs, et, fermant la marche de ce cortège officiel, les deux plus importants fonctionnaires, responsables de la santé du roi, le grand bouteiller et son collègue, au titre étrange, le prince des cuisiniers (*princeps coquorum*).

Après ces convives habituels, c'est la foule des invités ; d'abord les évêques de passage à Clichy, puis les ducs et les comtes venus des provinces, de respectables légistes, des écrivains, dont nous devons, en bon confrère, quoique sans chance de réciprocité, transmettre le nom à la postérité : le comte Claudius, ancien maire de Bourgogne sous Brunehaut, le duc burgonde Chadoinde et le duc bavarois Agilulphe, tous trois chargés de réviser les lois. D'autres graves savants s'entretiennent avec eux et guident la troupe des nobles écoliers élevés à l'académie palatine. Enfin, voici venir avec sa suite la reine Nanthilde, droite dans sa robe byzantine, raide de broderies d'or ; autour d'elle s'empressent de grandes dames franques, épouses des principaux convives, et, parées, cherchant à plaire, une foule de jeunes filles, aux longues tresses emmêlées des perles virginales et de ces rubans de soie mauve ou violette, couleurs aimées des Francs.

Après quelques instants de confusion, chaque groupe se sépare, chacun se rend à la place qui lui est assignée, et Dagobert fait son entrée. Des psaltérions, des cymbales, des tambours accueillent l'arrivée du roi, qui s'assied au bruit d'une musique frénétique, tandis que les clercs de la chapelle entonnent le chant des vêpres, suivant la mode universellement en usage.

La table du roi, la table d'honneur, surchargée de fleurs et d'or, est entourée d'un cercle brillant d'invités ; les ducs en habits de guerre y coudoient les dames en grands atours, et les évêques à mine austère les souriantes filles d'honneur ; à côté d'un savant légiste s'est assis quelque duc aléman ou quelque comte bavarois, dont la tête est de fer comme le bras. Sur ce groupe éclatant, où se trouve représenté tout ce qu'il aime, la beauté, la science et la valeur, Dagobert jette un regard souriant, salue ces fleurs de son royaume et ces colonnes de son trône. Grisés par avance de ces femmes, de ces parfums, de toute cette grandeur d'une civilisation inconnue, déjà les nobles de sang barbare heurtent leurs coupes de vermeil et veulent à grands cris porter la santé du roi, quand on introduit un dernier convive. C'est ce moine Ricquier que le roi a invité le matin. Ricquier s'approche de la table royale, lève la main et fait signe qu'il va parler ; sans doute veut-il prononcer quelque *benedicite*. La musique cesse, on écoute respectueusement. Mais, hélas ! ce n'était pas le court et modeste *benedicite* d'habitude, mais un sermon en je ne sais combien de points. En vain l'heure s'avance, les évêques eux-mêmes trouvent l'homélie un peu longue, Ricquier continue toujours. Le prince des cuisiniers jette sur son confrère le grand bouteiller des regards désespérés ; mais rien n'y fait, le saint, qui a l'habitude de ne manger que deux fois par semaine, et encore du pain d'orge simplement assaisonné de cendres, le saint parle toujours, sans comprendre l'impatience des convives.

Les heures passent, la nuit est près de finir, les torches sont consumées, les mèches des luminaires s'éteignent, l'aube déjà blanchit la campagne, Ricquier continue imperturbablement ; bref, pendant toute une nuit et tout un jour discourut le trop fécond prédicateur.

Dagobert prit fort bien la chose, remercia gracieusement le moine éloquent et lui fit don, sur le fisc royal, d'une rente destinée à entretenir d'huile les lampes de son ermitage, à ce que nous raconte la chronique de saint Ricquier ; mais le vieux texte ne dit pas que Dagobert ait invité une seconde fois le prolixe et pieux cénobite.

Ce fut vers cette époque qu'arrivèrent à Clichy les deux comtes Servatius et Paternus, nobles gallo-romains que Dagobert avait, dès le commencement de son règne, envoyés comme ambassadeurs auprès de l'empereur d'Orient, Héraclius. Les deux comtes avaient été fort bien accueillis et revenaient porteurs de riches présents, entre autres d'une précieuse relique destinée à la chapelle de Dagobert, l'épaule de saint Jean-Baptiste. Héraclius, dont le trône était menacé à la fois au nord et à l'ouest par les Avares, à l'est par les Perses, au sud par les Arabes, avait fait tout ce qui était en son pouvoir pour se concilier Dagobert, regardé alors comme le plus puissant des souverains, au moins sous le rapport militaire. Cet Héraclius était un assez bizarre personnage, fort adroit et fort rusé, mais imbu d'une malheureuse confiance en l'astrologie. Dans le cours de ses observations célestes, il avait lu dans les astres que son empire et toute la chrétienté seraient mis en grand péril par un peuple circoncis. En fait de circoncis, Héraclius ne connaissait que les juifs, et voilà les malheureux enfants d'Israël persécutés par tout l'empire. Mais cela ne suffisait pas ; il fallait faire disparaître cette redoutable race qui semblait menacer le monde chrétien. Héraclius chargea donc Servatius et Paternus de supplier Dagobert de mettre à mort, dans toute l'étendue de ses États, tous les juifs qui n'embrasseraient pas le christianisme. Dagobert ne pouvait refuser de rendre ce service à un allié, bien mieux, à un parent, car Héraclius, inventeur de ces traités connus dans l'histoire sous le nom de *Pactes de famille*, venait de découvrir que Dagobert et lui étaient du même sang, ainsi que le chef des Turcs, alors encore païens, dont l'empereur inquiet recherchait aussi l'amitié. Héraclius envoyait donc au roi des Francs, par l'entremise des ambassadeurs, une notice généalogique fort développée, de laquelle il ressortait clairement que Priam, roi de Troie, avait eu, entre autres descendants, trois princes, nommés Friga, Francus et Torquotus ; de Friga étaient sortis les Macédoniens et spécialement Héraclius, de Francus Dagobert et les Francs, et de Torquotus les Turcs et leur chef Zeibile.

Dagobert fut très-flatté d'être le parent du grand empereur d'Orient ; mais la mesure violente qu'on lui conseillait à l'égard des juifs lui répugnait considérablement. Les juifs étaient utiles à la monarchie franque ; tous n'étaient pas adonnés au commerce ; il y avait parmi eux des hommes remarquables ; les seuls médecins qu'il y eût alors étaient des moines ou des Israélites, et il faut avouer que les cures des seconds, instruits dans les vieilles écoles wisigothes, à Montpellier ou à Tolède, étaient plus heureuses que celles des premiers qui se bornaient le plus souvent à faire boire de l'eau bénite à leurs malades ou à exorciser les démons, selon eux, cause de tous maux. Or, les nobles francs ; forts mangeurs, étaient pour la plupart atteints de maux d'estomac, de dysenteries chroniques, fruits d'indigestions répétées, et tenaient en grande estime les docteurs juifs qui les guérissaient quelquefois.

Dagobert prit donc un moyen terme ; au lieu de massacrer les juifs, il se contenta de les exiler officiellement pour satisfaire les méfiances d'Héraclius, en accordant à beaucoup, à tous ceux qui étaient utiles, la permission de rester dans ses États.

L'événement du reste montra que Dagobert avait agi sagement ; en effet, les astres n'avaient pas assez précisé leurs révélations ; la fameuse prédiction, qui faisait trembler l'empereur d'Orient, ne se rapportait pas aux juifs, mais bien au peuple encore inconnu des Sarrasins. Et, tandis qu'Héraclius massacrait, facile victoire, les juifs terrifiés, que le sang d'Israël ruisselait du Pont-Euxin aux murailles de Damas, au fond du grand désert d'Arabie, Mahomet prêchait sa foi nouvelle à ses Sarrasins circoncis ; et déjà, entre la Mecque et Médine, se formait le nuage épais d'où allait jaillir sur le monde atterré l'éclair formidable de l'Islam.

<h1 style="text-align:center">VIII</h1>

Sisenand, roi des Wisigoths d'Espagne, vient à Clichy implorer les secours de Dagobert. Guerre d'Espagne : le bassin d'or du roi Thorismond. Mort de Caribert. Le duc Baronte. Réforme de la législation. Les rentrées fiscales sous les Mérovingiens. Etablissement d'impôts sur le clergé et sur les leudes. Mécontentement de ces classes privilégiées. Révolte de l'Austrasie. 630-632.

Dagobert était assurément le prince le plus puissant de cette époque ; nous venons de voir le successeur des Césars solliciter son amitié ; et voici maintenant un autre roi, le Goth Sisenand, qui vient implorer la protection du monarque des Francs, regardé partout comme le grand redresseur de torts.

Sisenand était un noble goth qui disputait à un compétiteur, Sentila, la couronne d'Espagne, alors élective. Ne se sentant pas en état de résister à son rival, peu aimé, mais en revanche très craint de ses sujets, Sisenand s'était réfugié dans la province gothique de Septimanie, et de là s'était rendu à Clichy pour tâcher d'intéresser Dagobert à sa cause.

Celui-ci hésitait ; les affaires des Wisigoths ne touchaient plus que médiocrement les Mérovingiens ; leurs conquêtes au sud étaient terminées, et toute leur attention se portait sur le nord et sur l'est, sur la Germanie et sur le pays des Slaves. Mais Sisenand connaissait le faible des Francs en général et des descendants de Clovis en particulier, l'amour passionné de la belle vaisselle d'or. Cet amour était tel que Chilpéric, le grand-père de Dagobert, avait pu se vanter, sans rencontrer de contradicteurs, d'avoir grandement augmenté la gloire et la réputation de son peuple en faisant fondre, pour l'ornement de la table royale, un gigantesque plat d'or, qui, aux yeux des vieux chroniqueurs francs, prend autant d'importance qu'une bataille gagnée ou qu'une province conquise.

Or, il y avait justement dans le trésor des rois goths d'Espagne un plat qui pouvait faire le pendant du chef-d'œuvre de Chilpéric ; il pesait mille marcs, et avait, par conséquent, une valeur énorme. C'était un présent fait jadis par le patrice Aetius à Thorismond, roi des Wisigoths, pour le remercier de la part qu'il avait prise à la terrible bataille des champs catalauniques, où fut défait Attila. Sisenand promit donc à Dagobert, s'il voulait bien l'aider à conquérir le trône, de lui remettre, comme gage de sa reconnaissance, ce précieux objet. Cette offre décida Dagobert et tous ses conseillers, notamment le comte Éloi, curieux, en sa qualité d'orfèvre amateur, de contempler une pareille merveille. Ajoutons, pour être juste, qu'en ces temps où régnait seule la force brutale, il était utile, pour soutenir la réputation d'un peuple et d'un roi, de montrer qu'on n'avait pas désappris la guerre et qu'on pourrait au besoin faire payer cher à quelque voisin jaloux l'envie de vous attaquer. Sisenand repartit donc pour l'Espagne, avec la promesse qu'il allait être vigoureusement soutenu par les troupes de Dagobert.

Nous avons déjà vu que les trois royaumes francs d'Austrasie, de Neustrie et de Bourgogne formaient à cette époque trois Etats bien séparés, ayant chacun leur administration et leur armée distinctes. Nous en rencontrons ici une nouvelle preuve : c'est un seul des trois royaumes, le plus civilisé et le plus docile, le *regnum Burgondiæ*, qui est chargé de la guerre d'Espagne. Deux ducs burgondes, Abundantius et Vénérandus, reçoivent l'ordre de conduire à Toulouse, à travers les États de Caribert, les contingents de leur province, et de partir de là pour envahir le territoire gothique.

La guerre fut courte et peu meurtrière, car les Wisigoths, en apprenant l'approche des Francs, furent saisis d'une si grande terreur qu'ils s'empressèrent de proclamer d'une seule voix Sisenand roi d'Espagne. Néanmoins, l'armée franque passa les Pyrénées, poussa jusqu'à l'Ebre et entra dans Saragosse. Là, sur la demande expresse de Sisenand, les deux ducs s'arrêtèrent. Magnifiquement traités par le roi restauré, Abundantius et Vénérandus voulurent cependant, après quelques jours de repos, retourner auprès de Dagobert. Mais, voyant que Sisenand, tout en les comblant de politesses, ne parlait plus du fameux bassin d'or, ils se virent forcés de le lui réclamer. A cette demande, Sisenand se récria : les Wisigoths avaient une telle admiration pour ce précieux souvenir historique, qu'ils ne consentiraient jamais à le laisser sortir de leur pays. D'ailleurs, le bassin d'or de Thorismond devait être, disait-il, dans la pensée de Dagobert, comme dans la sienne, le prix du sang, la récompense de batailles, de sièges, enfin de toute une longue guerre ; or, les Francs n'avaient pas eu à combattre, on les avait partout accueillis comme des alliés ; ils ne pouvaient véritablement pas dire qu'ils eussent fait la guerre ; ils n'avaient fait qu'un voyage d'agrément.

Plus ou moins convaincus par les raisonnements spécieux de Sisenand, les ducs s'en revinrent à la cour de Dagobert. Celui-ci, on le comprend, les reçut fort mal, s'emporta vivement contre la perfidie des Goths, mais ne voulut pas se montrer d'aussi bonne composition que ses généraux. Immédiatement il fit repartir pour Tolède, siège du royaume wisigoth, l'un des deux ducs, Vénérandus, accompagné d'un envoyé spécial, le duc Amalgaire, chargé simplement de prononcer devant le roi déloyal la brève et tranchante formule qu'employaient les rois francs pour déclarer la guerre à leurs ennemis : Si tu ne me cèdes pas, moi, Dagobert, chef et roi de la nation des Francs, je me jetterai sur ton pays avec tous mes guerriers.

Cette fois, Sisenand n'essaya plus de trouver des arguments captieux pour échapper à la réalisation de ses promesses. Le vase, objet du litige, fut remis aux ambassadeurs francs, pressés de rapporter à leur maître ce témoignage de leur succès.

Mais, lorsque le roi d'Espagne prétendait que son peuple ne laisserait pas sortir de son territoire le *missoire* de Thorismond, il paraîtrait que ce n'était pas, comme on se le serait peut-être bien imaginé, un artifice oratoire. Un soir, tandis que Vénérandus et Amalgaire, entourés seulement d'une faible escorte, traversaient un des défilés qui séparaient l'Espagne du pays des Gascons, une bande de montagnards se jeta sur eux, et, préludant au désastre de Roncevaux, les accabla de quartiers de rocs, de traits et d'arbres arrachés. Les Francs se défendirent vaillamment ; mais, pendant le désordre du combat, le malencontreux bassin disparut, à la grande douleur d'Amalgaire et de Vénérandus. Avait-il été enlevé par des brigands, agissant pour leur propre compte, ou par des émissaires du roi wisigoth, on n'en sut trop rien ; et Dagobert, après réflexion, consentit à recevoir, en échange de l'objet volé, et comme compensation de ses frais de guerre, le prix auquel on l'estimait, soit deux cent mille sous d'argent. Ajoutons, pour laver le monarque franc de tout soupçon d'avarice ou de cupidité, qu'il fit don de la plus grande partie de cette somme à l'abbaye de Saint-Denis pour être employée en fondations pieuses en l'honneur du bienheureux martyr.

Sans doute que saint Denis eut cette offrande pour agréable, car il ne tarda pas à en récompenser Dagobert, au détriment, il est vrai, du pauvre Caribert. Caribert, en effet, après avoir soumis les Gascons du nord des Pyrénées, sembla mourir tout exprès pour laisser à son heureux frère son apanage agrandi et pacifié ; il n'avait pour héritier qu'un chétif enfant, âgé de quelques jours, qui ne tarda pas à rejoindre son père dans la tombe. Protestons ici contre la légèreté des historiens, qui, sur une phrase dubitative de Frédégaire, ont formellement accusé Dagobert de la mort de cet enfant.

La partie de l'Aquitaine, occupée par Caribert, rentra sans difficulté sous le sceptre de son frère aîné, et le duc Baronte eut mission d'aller chercher à Toulouse les richesses que pouvait avoir laissées le prince défunt, pour les rapporter à Clichy. Baronte remplit aussi mal que possible cette mission de confiance. Baronte, dit Frédégaire, fit de grandes dépenses, et, d'accord avec les trésoriers de Caribert, dissimula une bonne partie des trésors.

Dagobert était donc alors le seul maître de toutes les possessions mérovingiennes ; son empire comprenait, en comptant les peuples tributaires, la France — moins la Septimanie, longue bande de territoire qui s'étendait sur les bords de la Méditerranée, des Pyrénées au Rhône —, tout l'empire d'Allemagne actuel, sauf la partie de la Prusse au delà de l'Oder, la Bohême, une partie de l'Autriche (le duché de Salzbourg) la Hollande, la Belgique, la Suisse, et enfin le Piémont et la Lombardie, occupés par les Lombards, soumis encore à l'influence des rois francs, bien que Clotaire II les eût déchargés du tribut. On devrait croire Dagobert plus puissant que jamais, et, cependant, c'est justement alors que vont commencer pour lui les plus sérieuses difficultés ; peu s'en faudra même qu'il ne succombe, comme Brunehaut, dans une lutte pareille à celle qu'eut à soutenir la reine d'Austrasie.

Deux causes principales avaient amené la chute de Brunehaut : l'établissement d'impôts pesant sur toutes les classes de la société, aussi bien sur les leudes et même sur le clergé, que sur le peuple, et la promulgation d'un code de lois uniformes, très nettes et très sévères aux yeux des Francs, destinées à remplacer les diverses coutumes saliques, ripuaires, burgondes..... où se perdaient les juges de l'époque. Pour la législation, Dagobert évita l'écueil où, entraînée par sa fière volonté, Brunehaut avait été se briser. Au lieu de soumettre à une même loi rigide, renouvelée en grande partie du Code Théodosien, toutes les races diverses qui composaient son empire, il laissa à chacune ses lois particulières, ses usages séculaires. Il se contenta d'une simple amélioration, mais très-importante au point de vue de l'ordre social : toutes ces lois furent rédigées d'une façon définitive, et, en même temps, quelque peu révisées par une commission d'hommes instruits et intègres, composée de Claudius et de Chadoinde, deux anciens serviteurs de Brunehaut, ainsi que du duc de Bavière. Agilulphe, chargé spécialement de revoir les lois des peuples tributaires de la Germanie.

Le texte de toutes ces lois fut donc cette fois définitivement arrêté, et, dorénavant, les comtes ne purent plus les interpréter à leur gré ni les changer à leur caprice. Dagobert tint aussi fermement la main à ce que, suivant le vieil usage, les jugements fussent rendus en plein air : c'était alors le seul moyen d'assurer la publicité de la justice. Ce fut, pour les centres urbains, aux portes des villes ou sous le parvis des basiliques que les comtes ou les vicaires, leurs lieutenants, durent siéger à des jours fixes pour rendre justice à tout venant ; dans les campagnes, les centeniers, ces magistrats établis par Brunehaut et que Dagobert avait conservés, eurent pour prétoire le porche d'une église ou, plus souvent, quelque cimetière de village.

Sept lois différentes régirent donc les sujets de Dagobert : la loi salique et la loi ripuaire pour les Francs, la loi alémanique pour les Alemans, la loi bavaroise pour les Bavarois, la loi Gombette ou burgonde pour les Burgondes, le bréviaire du jurisconsulte Anien pour les Goths du Midi, enfin le Code Théodosien pour tous les habitants de l'Aquitaine et pour les Gallo-Romains des diverses possessions franques.

Nous n'abuserons pas de nos faibles connaissances juridiques pour imposer au lecteur le détail des diverses dispositions que renferment toutes ces lois ; rappelons seulement que, sauf en ce qui regarde le Code Théodosien et le bréviaire d'Anien, leur caractère principal est d'admettre pour tout crime ou délit la compensation à prix d'argent. C'était même le motif qui faisait que les Francs, encore plus amis de leur tête et de leurs membres que de leur bourse, préféraient leurs anciennes coutumes à ces édits de Brunehaut qui punissaient toujours de mort ou de peines afflictives. Dans la loi alémanique, la peine capitale n'est prononcée qu'une fois, contre celui qui a tué un duc. La loi alémanique était sans doute l'ouvrage des ducs du pays. Quelquefois, les pénalités pécuniaires sont soumises à des formalités bizarres : ainsi la loi bavaroise ordonne que le meurtrier d'un évêque soit puni de la façon suivante : On fera à la taille du meurtrier une tunique de plomb, et il en paiera le poids en or.

Quoi qu'il en soit, la rédaction définitive des lois fut un véritable bienfait pour les accusés et pour les plaideurs ; chacun pouvant prendre connaissance de la loi écrite, l'arbitraire disparut des jugements, et, malgré quelques réclamations intéressées de la part des comtes et des centeniers, cette réforme fut généralement bien accueillie.

Mais la réforme importante, plus nécessaire, plus indispensable cent fois que la réforme de la législation, c'était l'établissement d'un impôt direct et régulier, frappant les classes aisées de la société. Les premiers rois francs, qui s'étaient simplement substitués aux délégués du pouvoir impérial, préteurs ou légats, avaient d'abord continué à percevoir les subsides variés que touchaient leurs prédécesseurs. Malheureusement toutes ces sources de revenus, si importantes jadis, avaient rapidement décru ; les Francs, le noble peuple des conquérants, n'avaient jamais pu se résoudre à payer régulièrement un impôt pour leurs terres. En Neustrie, Frédégonde elle-même avait dû renoncer à les y assujettir, tandis qu'en Austrasie Brunehaut payait de sa vie ses tentatives pour rétablir la fiscalité romaine. Les impôts indirects seuls rapportaient encore quelque chose ; mais ces impôts ne frappaient guère, sous des noms divers, que le commerce et l'industrie ; or, industrie et commerce étaient, à l'époque des Mérovingiens, sauf pendant quelques règnes exceptionnels, passés presque à l'état de souvenirs historiques. Même du temps de Dagobert, grâce à la protection duquel le commerce avait repris quelque animation, le revenu que donnaient les impôts indirects était tout à fait hors de proportion avec les charges du gouvernement royal ; la perception des recettes était fort coûteuse, les agents du fisc étant généralement peu honnêtes. Le soin de lever des taxes appartenait aux comtes des villes, qui s'en rapportaient à des agents subalternes, qualifiés des différents noms d'*exacteurs*, de *tribuns*, etc. Ces agents cédaient eux-mêmes à de petits financiers rapaces, souvent à des juifs, malgré les lois qui le défendaient, le droit de taxer les marchands. Bref, il résultait de cette organisation que les commerçants payaient beaucoup, qu'écrasés par les charges fiscales, la plupart renonçaient à leur métier mais qu'en revanche l'argent, qui aurait dû revenir au trésor royal, fondait comme par miracle en passant par toutes ces mains avides. Quant à l'impôt direct, à l'impôt frappant le sol ou les personnes, il existait bien en principe ; mais, dans la réalité, quand l'*exacteur*, chargé de le percevoir se présentait chez quelque leude franc, le leude se mettait à blasphémer, portait la main à son scramasaxe, et l'*exacteur* se sauvait sans en demander davantage. Se présentait-il chez l'évêque, chez le riche abbé, ceux-ci lui représentaient tout d'abord paternellement qu'ils n'étaient que les détenteurs des biens du Seigneur, ils lui faisaient comprendre l'indécence qu'il y avait à vouloir faire de Dieu un taillable et un contribuable. L'*exacteur* insistait-il, l'évêque ou l'abbé commençait à prononcer la terrible formule de l'excommunication, et le malheureux fonctionnaire s'enfuyait en toute hâte, croyant sentir à ses trousses tous les démons de l'enfer.

L'exacteur allait-il chez le colon, chez le lète, c'était bien pis ; quelquefois, si le contribuable était énergique, il assommait, dans quelque lande écartée, dans quelque fourré bien épais, le *fiscal* qui venait le tourmenter. Ce qui pouvait arriver de plus heureux à l'agent du fisc, c'était d'avoir affaire à quelque pauvre colon ruiné, brisé par le malheur. Alors un homme en guenilles, vêtu seulement d'une tunique de toile en haillons, l'accueillait silencieusement dans quelque masure bâtie de pisé ou construite avec de vieilles tuiles arrachées aux ruines de quelque villa romaine ; il lui montrait les murs nus, le sol nu, le toit crevé, les enfants maigres, pleurant la faim, et le malheureux exacteur, bien mal nommé assurément, s'en retournait encore les mains vides.

Le roi possédait, il est vrai, de nombreuses villas, d'anciennes terres fiscales ; cela servait à le nourrir, lui et sa cour ; quand une terre était épuisée, on allait habiter dans une autre ; mais, avec tout cela, l'argent comptant manquait, et pour peu qu'il y eût quelque expédition lointaine à faire, quelque ambassade à envoyer, le trésor royal se vidait rapidement pour ne plus se remplir qu'avec une intolérable lenteur.

Dagobert, depuis son avènement au trône, avait beaucoup réfléchi à cette mauvaise situation financière, et s'était fort préoccupé d'y trouver remède. Il avait même remis un peu d'ordre dans la perception des impôts indirects et reconstitué, notamment à Marseille, une organisation des douanes à peu près régulière. Pour agir véritablement en roi, pour vivifier ses royaumes en décadence déjà, pour régner comme régnaient les empereurs, ces types enviés de la puissance monarchique, il lui fallait des revenus considérables en numéraire ; ce n'étaient pas les quelques livres d'or que rapportaient les impôts indirects, ce n'étaient pas ses villas des Ardennes, célèbres par leurs porcs, sa villa de Clichy, renommée pour l'excellence de ses volailles, qui pouvaient lui donner le nerf de la guerre, et la guerre était menaçante ; les Wendes insultaient les frontières franques, et, pour suivre jusque dans leurs pays sauvages ces peuplades vagabondes, Dagobert savait qu'il faudrait solder des troupes, les nourrir ; pour cela l'argent était indispensable, et à qui le demander, si ce n'est à ceux qui le possédaient, aux leudes et aux évêques ?

Dagobert se décide donc ; il frappe un grand coup ; tous paieront l'impôt du sol. Subitement, voilà la popularité du roi à bas ; les ducs, les comtes se récrient, les évêques murmurent, mais Dagobert n'écoute personne et va de l'avant. Dans toute l'étendue de ses États des commissaires vont examiner ce que chacun peut payer ; ils doivent également rechercher en quelles mains sont passées les terres *bénéficiaires*, données par les rois aux leudes seulement à titre viager. Or, la plupart de ces leudes ont trouvé bon de considérer les bénéfices comme de véritables héritages ; les fils en ont hérité des pères ; passe encore, ils rendent au roi les mêmes services militaires. Mais beaucoup de ces terres ont été léguées aux églises ; les leudes, agissant là en bons pères de famille, laissaient volontiers au clergé, au lieu de leurs biens patrimoniaux dont la propriété était bien assurée à leurs descendants, ces terres bénéficiaires qu'un prince énergique pouvait réclamer d'un jour à l'autre. Précisément Dagobert les réclame ; ces terres, illégalement données et que l'Eglise n'aurait pas dit accepter, puisque les donateurs n'en avaient, de notoriété publique, que la jouissance et non la propriété, ces terres vont faire retour au fisc royal et serviront soit à constituer des donations pour les hommes de guerre, soit à entretenir par leurs revenus une véritable armée soldée[1].

C'est pour le coup, aux yeux du moins des détenteurs, l'abomination de la désolation. Un des commissaires, Centulf, esprit éminemment progressiste, écrit à Dagobert qu'on pourrait mieux faire qu'imposer le clergé et que lui retirer la possession des bénéfices militaires. Il est d'avis de lui enlever simplement les deux tiers de ses biens, étant plus utile, ajoute-t-il, de nourrir des guerriers qui

---

1 On sait que Charles-Martel fit avec succès ce que Dagobert tenta vainement. Aussi une légende, semblable à celle que nous citons dans le panégyrique, l'envoie-t-elle tout droit en enfer. Ses descendants, au contraire, sont les alliés dévoués des papes et du clergé ; ils ont compris la faute commise par leur ascendant et identifient désormais les intérêts de leur dynastie avec ceux de l'Eglise et de la Papauté qui les en récompensent par la couronne de l'empire d'Occident.

combattent que des moines qui chantent. On comprend quelles clameurs dut pousser le clergé. Saint Sulpice, évêque de Bourges, après une discussion violente avec un exacteur, qui en mourut de saisissement, alla jusqu'à dépêcher un moine à Dagobert pour lui annoncer que lui, le roi, allait comme son agent, mourir de mort subite, et de plus brûlerait éternellement dans l'enfer, s'il n'exemptait pas immédiatement de l'impôt non seulement l'église et les clercs de Bourges, mais de plus tous les laïques de la ville qui paieraient en revanche la dîme à leur pasteur.

En Aquitaine, en Bourgogne, où les Francs étaient peu nombreux, comme noyés dans les populations gallo-romaines ou burgondes, en Neustrie, où le roi résidait avec ses fidèles toujours prêts à la bataille, les lois fiscales de Dagobert n'amenèrent pas de troubles sérieux, mais en Austrasie ce fut différent. Favorisés par l'éloignement du pouvoir central, par le peu d'importance qu'y avaient conservé les Gallo-Romains dévoués à Dagobert, les leudes partisans de Pépin et d'Arnoul relevaient déjà la tête. Dans une expédition contre les Wendes, dont nous parlerons au chapitre suivant, ils se rirent battre exprès et amenèrent par cette trahison une défaite qui pouvait faire perdre aux Francs toutes leurs conquêtes en Germanie. Puis, pour échapper au châtiment qui allait les atteindre, ils se mirent en pleine révolte. Mais, cette fois, les rebelles n'avaient pas affaire, comme au temps de Brunehaut, à une vieille femme et à un enfant orphelin. Dagobert frémit d'indignation ; lui, qui, à l'exemple des empereurs byzantins, ne menait plus en personne ses troupes à la bataille, lui, le monarque paisible, ami du luxe et du loisir, il retrouva la sauvage énergie et la fureur virile de ses ancêtres. A peine apprit-il la révolte de l'Austrasie qu'il bondit sur son cheval de guerre ; en quelques jours, il était sous les murs de Metz révoltée, les Burgondes, les Aquitains le suivaient avec enthousiasme ; tous les vieux amis de Brunehaut, Chadoinde, Claudius, marchaient avec lui, avides de prendre leur revanche sur la barbarie si longtemps triomphante. L'expédition du roi ne fut qu'une suite de victoires ; il traversa l'Austrasie comme la foudre traverse le ciel ; le pays tout entier fut mis à feu et à sang, et les prisonniers austrasiens, chose inouïe dans les annales franques, furent vendus comme esclaves par leurs compatriotes de Neustrie et de Bourgogne. Cette fois, les leudes du Nord durent courber leurs fronts insolents devant la royauté, et le petit-fils de Frédégonde, l'héritier de Chilpéric et de Clotaire, fut par la force inconsciente des choses le vengeur terrible de la grande Brunehaut.

IX

L'Austrasie paraît domptée, l'armée est prête à de nouveaux combats, semble pleine d'enthousiasme, et Dagobert se prépare à continuer le cours de ses exploits en allant attaquer un nouveau peuple, les Wendes, que gouverne alors un marchand franc d'Austrasie, Samon, du pays de Soignies, en Hainaut.

Qu'ici l'on nous permette une digression nécessaire pour expliquer l'origine de cette guerre et l'élévation au trône du marchand Samon, car, bien qu'aux siècles mérovingiens nous soyons très véritablement au temps où les rois épousaient des bergères (et souvent pis que cela), il n'en est pas moins étrange de voir un simple commerçant ceindre la couronne royale. Nous allons d'abord donner un court aperçu du commerce, tel qu'il se pratiquait alors, et l'on comprendra facilement les causes qui amenèrent la haute fortune de Samon.

Le commerce florissant sous Brunehaut, déclinant sous Clotaire II, avait, nous l'avons dit, repris sous Dagobert une certaine animation ; il était même alors plus actif qu'il ne le fut sous les Carolingiens, dont l'inepte domination, l'esprit étroit, amenèrent la grande barbarie du moyen âge. Installés, non sur le Rhin, comme Charlemagne et ses successeurs, mais au centre de la Gaule, les rois mérovingiens avaient pris une teinte de civilisation, et le *vir inluster* Dagobert était peut-être beaucoup moins barbare que le César Maximien Hercule ou que l'Auguste Maximin Daïa. Le grand centre du monde, c'est alors Byzance ; les enfants de Mérovée ont pour l'héritier de Constantin cette même déférence instinctive qu'auront plus tard pour le successeur de saint

Pierre les fils hébétés de Charlemagne. Rome n'est rien alors ; à Constantinople, au contraire, fleurissent les arts de toute espèce. Dans ce coin du monde, pressée par les Barbares, s'est comme resserrée la civilisation antique.

Pendant les beaux jours de Brunehaut, des communications plus fréquentes s'étaient établies entre la Gaule et Byzance, et le règne fort et paisible de Dagobert avait favorisé ces relations commerciales ; les Grecs avaient repris le chemin de Marseille et d'Arles, établi des comptoirs dans les principales villes du littoral méditerranéen.

Mais, depuis quelques années, depuis l'extension de la puissance franque sur les peuplades germaines, un nouveau courant commercial s'était dessiné au nord-est, encore bien faible, il est vrai, mais entièrement alimenté par des Francs, également avides d'or, de voyages et d'aventures. De nos jours, ce sont d'ordinaire les hommes de caractère paisible, de nature tranquille, qui embrassent la carrière mercantile ; jadis c'était différent. Il est vrai que le commerce du septième siècle ne ressemblait guerre à la pacifique industrie du temps actuel.

Suivons plutôt dans son long voyage vers l'Orient, vers le pays des riches tissus, des aromates précieux, une caravane de marchands francs.

Des portes antiques de Trêves ou de Cologne sort le long cortège des aventuriers ; point de chariots ni de voitures, bientôt toute route cessera, à peine si les chevaux et les mulets passeront dans les bois, dans les marais. Jusqu'au pays de Bavière, dans les duchés tributaires, la route est relativement aisée ; il a des tronçons de chemins dallés, quelques bourgades, quelques postes militaires. A Passau, à Ratisbonne on fait une dernière halte ; pour la dernière fois on dort en sûreté, et, le lendemain matin, suivant l'onde grise du Danube qui les mènera jusqu'aux lointains rivages de l'Euxin, nos voyageurs se lancent dans l'inconnu ; ils forment une longue colonne de cavaliers armés entourant quelques bêtes de somme. Les lances sont hautes, les francisques brillent ; graves, inquiets, les chefs précèdent, interrogent le pays. Lentement la caravane s'avance sans s'écarter du fleuve qui la guide ; la nuit les feux s'allument dans quelque clairière ; la moitié des hommes veille et prête l'oreille aux bruits sans nombre des grands bois. Au petit jour, dans le brouillard, alourdis sous leurs sayons humides, les

Francs reprennent leur pénible voyagé ; à chaque instant il faut s'arrêter ; là-bas, sur l'écueil qui domine le Danube, sur le rocher qui barre la vallée, dans le bois qui surplombe la route, veille le blende sauvage, l'esclave des Huns, trop craintif pour attaquer de vive force, mais assez avide pour tenter une surprise. Des troupes de bandits chassés des pays francs, des Saxons païens, révoltés contre leurs prêtres imposés, parcourent ces pays désolés. Chaque rocher, chaque tronc d'arbre peut cacher un ennemi.

Enfin les voilà passés ces défilés des marches pannoniennes ; à perte de vue s'étend l'immense plaine du bas Danube ; là, pas d'arbres, pas de gorges, pas de rocs propices aux embuscades, rien qu'un océan de grandes herbes ; la caravane est-elle en sûreté ? Non ; un jour, subitement, sur son passage, jaillira de cette herbe épaisse une horde de Sorabes errants.

Les Francs en ont triomphé ; maintenant, il leur faut traverser les grands marécages que forment au sud du bas Danube ses affluents débordés ; à chaque pas on s'embourbe, au loin flottent lourdement les brumes malsaines, les chevaux glissent, s'enfoncent dans ces herbes putréfiées, dans ce sol qui se dérobe. Malheur aux voyageurs surpris dans ces marais ; Francs, baissez vos lances, tirez de leurs gaines vos couteaux rouillés du voyage ; regardez : au fond de l'horizon, aussi loin que porte la vue, apercevez-vous ces points presque invisibles ? On dirait, se levant au bout de la plaine, un vol funèbre d'oiseaux de proie ; ils approchent : des ombres rapides se dessinent vaguement, puis grandissent dans les brouillards des marais : ce sont les cavaliers avares, les vautours du Danube, hurlant sur leurs gris étalons, grimaçant de désir et de cupidité.

Ceux-ci ne sont qu'une bande, on en vient encore à bout ; la large épée et la francisque les fauchent, et leurs lances de fer friable se cassent contre la chemise de mailles que portent les voyageurs francs.

Mais le pays devient de jour en jour plus dangereux ; les chefs des caravanes envoient en avant quelques fidèles cavaliers habitués à ces parages. Ces éclaireurs s'avancent avec précaution, regardent loin devant eux, l'éperon sur le flanc du cheval, prêts à tourner bride s'ils entrevoient seulement ce qu'ils redoutent et ce qu'ils cherchent. Ce qu'ils cherchent, le voici.

Sur une colline isolée, comme égarée dans la monotonie des plaines, brille un trône d'or, barbare et massif ouvrage ; sur ce trône élevé un homme est assis ; autour de lui flottent, agitées par le vent, des crinières ou des queues de cheval teintes en rouge. Rangés par cercles immenses autour de la colline, montés sur de maigres chevaux, cent mille cavaliers sont réunis : on dirait une assemblée de démons ; noirs, sales, la face hideusement tailladée de cicatrices, vêtus les uns de peaux de rats mal cousues, les autres de loques de soie, de débris de tentures de pourpre, restes informes de quelque pillage, ils portent des armes bizarres, des lances en forme de tridents, des mâchoires d'ours sauvages, garnies encore de leurs dents aiguës, des fragments d'épées byzantines ou de scramasaxes francs, taillés en scie, emmanchés dans des branches d'arbre ; des quartiers de viande pendent sous leurs selles entre leurs cuisses nues dégoutantes de sang. Ils tournent au galop autour du trône d'or, s'agitant sur leurs selles, roulant du col à la queue de leurs coursiers, entrechoquant leurs armes, frappant avec frénésie sur des peaux tendues au-dessus de cercles de bois. A ce bruit sans doute bien connu, accourent des bandes de grands chiens sauvages au poil rude, à l'œil sanglant. Bientôt, du trône qui reste vide, abandonné, gardé seulement par la terreur que le maître inspire, descend le chef impassible ; il s'élance sur un étalon qui l'attend entravé au pied de la colline, il saute en selle, et, au milieu d'un redoublement de cris, de chocs d'armes, de roulements des peaux sonores, de hennissements, d'aboiements, hurlant, bondissant, dévorant l'espace, hommes, chevaux et chiens se lancent à travers l'immensité des plaines, foudre vivante, aussi terrible que la foudre céleste ; ce sont les fils d'Attila qui s'en vont en guerre par le monde[1].

Enfin, tous ces dangers sont passés ; les Francs les ont surmontés ou les ont évités ; ils se dirigent vers le sud ; voici les montagnes de Thrace, les cimes neigeuses des Balkans, et dans les gorges étroites, aux flancs âpres des pics, encore des bandits.

Mais ce ne sont que des Grecs : les hommes d'Austrasie ne les craignent guère ; d'ailleurs c'est la dernière épreuve. A leurs yeux éblouis brillent déjà dans le lointain les dômes étincelants de la ville impériale, à leurs pieds s'étend la mer bleue de la Propontide. Une dernière halte, on fourbit les armes, on polit les casques, on rajuste les sayons usés et, dans sa parure de guerre, sous les arcs de marbre des Césars, sous les portiques dorés des empereurs, devant les parvis émaillés des églises byzantines, la lance haute et la hache au poing, défile fière et grave notre bande aventurière.

On comprend qu'une telle manière de faire le commerce trempait vigoureusement les âmes, et l'on s'étonnera moins de la haute fortune de Samon.

En l'an 623, une fois que ce Samon traversait à la tête d'une troupe de marchands francs le pays des Wendes, ceux-ci, alors révoltés contre les Huns, lui avaient demandé secours contre leurs maîtres abhorrés, qui venaient chaque hiver ravir à leurs malheureux vassaux leurs bestiaux et leurs femmes, pertes qui leur étaient également douloureuses. Samon avait accepté le commandement que lui offraient les Wendes ; habitué à la guerre, comme tous les Francs, il avait discipliné ses sauvages soldats, et bientôt, grâce à la supériorité stratégique des civilisés, les hordes des Huns avaient été mises en déroute. Reconnaissants, les Wendes supplièrent Samon d'être leur roi. Samon ne rit aucune difficulté, et pour montrer qu'il adoptait de cour les mœurs de ses nouveaux sujets, il épousa le même jour douze femmes de leur race. Dès lors, affermi sur le trône, sûr de l'affection de son peuple, il chercha à fortifier sa situation politique à l'extérieur. Son premier mouvement fut de se mettre sous la protection de Dagobert, son souverain naturel. Le roi des Francs accueillit fort bien les ouvertures du roi improvisé des Wendes, et, pendant quelques années, tout alla pour le mieux. Le commerce, devenu plus facile pour les sujets de Dagobert, maintenant que les vastes régions occupées par les Wendes obéissaient à un de ses vassaux, fit de notables progrès. Malheureusement, au bout de quelques années, les Wendes, devenus plus turbulents et pour qui c'était une violente tentation que de voir perpétuellement défiler sous leurs yeux les caravanes des marchands austrasiens qui portaient à Constantinople des pelleteries rares, de l'ambre et surtout de jeunes eunuques[2], et qui revenaient ensuite chargés d'or et d'épices, les

---

1 A cette époque, les Avares, qu'on place presque toujours au nord du Danube, fréquentaient au contraire de préférence les rives du sud. Tout ce pays, horriblement ravagé et devenu désert, fut repeuplé plus tard par les soins de l'empereur Héraclius, qui y établit diverses colonies de Sorabes ou de Serbes soumis à la domination byzantine.
2 Les eunuques de Verdun-sur-Meuse étaient célèbres ; au lieu de se livrer, comme leurs descendants, à la confection des dragées, les commerçants de Verdun achetaient de

Wendes, disions-nous, perdirent patience et pillèrent quelques convois ; après en avoir préalablement assassiné les maîtres. Dagobert, irrité à juste titre, envoya auprès de Samon le comte Sichaire, chargé d'exiger une réparation.

Samon se sentait dans son tort ; il chercha tous les prétextes possibles pour ne pas recevoir l'ambassadeur ; enfin, Sichaire, qui d'ailleurs ne paraît pas avoir été d'un caractère bien patient, finit par se déguiser en blende et, un beau jour, arrêta brusquement le roi au passage. Il le menaça de la colère de Dagobert et lui rappela durement qu'il n'était que le vassal des Francs. Samon répondit avec assez de calme : Notre terre est à Dagobert et nous sommes ses hommes, mais à condition qu'il nous témoignera de la bienveillance et de l'amitié. — Il est impossible, répliqua Sichaire, que des chrétiens comme nous soient les amis de chiens comme vous. — Alors, reprit Samon, si vous êtes les serviteurs de Dieu, nous, nous sommes ses chiens et, comme vous l'offensez continuellement, il nous permettra de vous mordre.

Après cet échange de communications diplomatiques, du reste fort dans le goût du temps, la guerre était inévitable. Il était naturel que les contingents austrasiens, limitrophes des Wendes, fussent chargés de l'expédition. Mais c'était justement l'époque où Dagobert commençait ses réformes fiscales et forçait les grands chefs austrasiens à se soumettre, eux et leurs leudes, au paiement de l'impôt. L'armée franque s'en alla donc en guerre, animée des plus mauvaises dispositions contre Dagobert. D'ailleurs, les Wendes, pillés depuis un temps immémorial par les Huns, ne pouvaient fournir qu'un maigre butin aux envahisseurs. Deux corps de troupes devaient seconder la principale armée composée des forces austrasiennes ; l'un, qui devait opérer au sud du pays rende, était fourni par les Lombards, qui, bien que dispensés du tribut par Clotaire II, étaient restés soumis à la suzeraineté franque ; l'autre, qui devait agir sur les frontières nord-ouest de Samon, était formé de bandes levées chez les tributaires de l'Austrasie, Alemans, Bavarois, Franconiens, et placées sous le commandement suprême du duc franc Chrodobert. Chrodobert et les Lombards combattirent avec énergie, remportèrent des victoires et firent de nombreux prisonniers. Mais la conduite des Austrasiens fut toute différente. Arrivés, grâce aux succès de leurs alliés, sans rencontrer d'obstacles, jusqu'aux palissades de Wogastiburg, où Samon s'était renfermé avec l'élite des guerriers vendes, ils se laissèrent battre après trois jours de siège, et s'en retournèrent en désordre, entièrement débandés, jusqu'au cœur de l'Austrasie. Ce ne fut pas tant, avoue Frédégaire, la valeur des Wendes qui les rendit victorieux que l'abattement des Austrasiens qui se voyaient dépouillés par Dagobert — c'est-à-dire réduits à payer régulièrement l'impôt.

Cette lâcheté eut des suites funestes ; les Wendes, reprenant courage, envahirent la Thuringe, la Franconie et vinrent même insulter les villes d'Austrasie. Dagobert fut atterré ; un autre danger le menaçait encore ; quelque temps auparavant, neuf mille Bulgares, chassés par les Huns de la Pannonie, étaient venus se réfugier dans le pays des Bavarois ; enhardis par les succès des \Vendes, très probablement d'accord avec eux, ils allaient se soulever, quand Dagobert, prévenu, les fit exterminer en une nuit. Cette mesure, assurément

---

jeunes prisonniers saxons et en tiraient de grands bénéfices, *immensum lucrum*, dit Luitprand, après leur avoir fait subir une épouvantable opération. Ces eunuques étaient très estimés à Constantinople, *ob amputata virilia et virgam*. C'était un des présents que les empereurs byzantins recevaient le plus volontiers des rois francs. (Voir *Luitprandi rerum ipsius tempore gestarum...*)

cruelle, lui est vivement reprochée par les historiens ; peut-être n'a-t-on pas assez tenu compte de la situation dangereuse et presque désespérée où l'avait placé la trahison des Austrasiens. Déjà cantonnés sur le sol franc, ces Bulgares pouvaient donner la main aux envahisseurs \vendes ; il fallait nécessairement s'en défaire. Quelques centaines de ces Bulgares, qui parvinrent à s'échapper, trouvèrent d'ailleurs un asile auprès des Wendes, peu hospitaliers de leur nature, ce qui paraîtrait indiquer qu'il y avait accord entre eux.

C'est ce moment, alors que l'étranger franchissait leurs frontières, pillait leurs tributaires, c'est ce moment que les leudes austrasiens choisirent pour tenter le soulèvement que nous avons relaté au chapitre précédent. On a vu comment Dagobert le réprima, et nous allons reprendre à partir de l'apaisement de cette révolte le cours de notre récit.

Dagobert est donc venu à bout du soulèvement austrasien ; il s'apprête maintenant à attaquer les Wendes. Mais les guerres ne pouvaient alors durer bien longtemps sans interruption. Chaque soldat apportait ses vivres, et, au bout de quelques semaines, vivres et ressources de tout genre se trouvaient épuisés. Les Aquitains, les Neustriens et les Burgondes, qui avaient suivi Dagobert, d'abord remplis d'ardeur, s'étaient mis à réfléchir ; ils représentèrent au roi qu'ils n'avaient plus de quoi se nourrir, que le pays des Wendes était bien loin de leurs foyers ; beaucoup, enrichis par le sac de Metz, et effrayés par la perspective d'une longue campagne dans une contrée perdue, s'en retournèrent chez eux par petites bandes. Pour les retenir il aurait fallu leur donner une solde, et Dagobert était sans argent ; les frais qu'avait occasionnés nécessairement l'entretien des *fidèles* et des gardes palatins pendant la rébellion de l'Austrasie avaient épuisé le trésor. De plus, cette rébellion même et l'opposition grandissante du clergé avaient réduit à rien la rentrée des nouveaux impôts.

Ce fut dans ces difficiles circonstances que se présenta devant le roi une ambassade des Saxons vassaux, qui venaient offrir de se charger de la guerre contre les Wendes, de les repousser à leurs frais et à leurs risques loin des frontières, pourvu que Dagobert déchargent la Saxe du tribut de cinq cents vaches qu'elle devait payer chaque année à la nation franque. On a beaucoup blâmé Dagobert d'avoir accepté cette offre ; mais, que pouvait-il faire : sans argent, avec une armée qui semblait fondre à vue d'œil, et, derrière lui, un peuple rebelle, vaincu mais frémissant, devait-il se lancer dans l'inconnu d'une guerre ? Le roi était bien véritablement contraint par les périls de sa situation d'accepter, quoique son cœur en saignât, la proposition des envoyés saxons. Il leur remit donc leur tribut en échange du serment solennel, qu'ils prononcèrent sur leurs épées, de défendre désormais les frontières franques contre toute invasion ; puis, il s'en retourna tristement à Clichy, peu confiant sans doute en la foi saxonne.

En effet, les Saxons, dès' qu'il fut éloigné, se refusèrent effrontément à remplir les obligations qu'ils avaient contractées. Les Wendes, de plus belle, recommencèrent leurs incursions, et les Austrasiens refusèrent de rien faire pour les arrêter ; le sentiment de l'honneur semblait être éteint chez ces tristes enfants de la noble race franque ; ils ne se révoltaient même plus, honte ! ils se faisaient battre exprès.

Dagobert en perdit le sommeil ; un immense découragement s'empara de son âme ; il finit par comprendre, douloureuse conviction, qu'il y avait là deux peuples différents et que ce nom unique de Francs n'était plus qu'un vain mot. Deux nations s'étaient formées, l'une civilisée, parlant latin ou plutôt roman, l'autre restée barbare, ne connaissant que le rude et vieil idiome germanique, jalouse, envieuse de la civilisation du Midi, impatiente d'avoir à elle seule ses lois, ses haines et ses guerres. Dagobert renonça à maintenir l'accord entre ces deux races hostiles ; sans doute, pendant ses insomnies, vit-il se lever dans la brume de l'avenir, comme de vagues fantômes, l'image sanglante des deux grandes sœurs ennemies, la France et l'Allemagne.

Il comprit qu'il valait mieux rompre franchement le faible lien qui les unissait encore et les laisser chacune, la romane et la germanique, suivre la route fatale que le Destin leur marquait.

Et le cœur brisé, désespéré pour le présent, inquiet pour l'avenir, il se décida à rendre l'Austrasie ou plutôt l'Allemagne à elle-même. Comme son père Clotaire, il lui fallait aussi détacher du corps de son empire ce bras toujours rebelle. L'année suivante il se rendit à Metz avec son jeune fils Sigebert, et là, devant la grande assemblée des leudes austrasiens, il lui remit la couronne d'Austrasie, les joyaux, les meubles précieux qui venaient de Sigebert Ier, de Brunehaut, de Childebert, de Théodebert, de Thierry, tragique dynastie qui avait précédé la sienne sur ce trône toujours chancelant. Du moins, instruit par sa propre expérience, à toutes les demandes, à toutes les sollicitations des leudes qui voulaient avoir auprès de Sigebert leur ancien maire Pépin, il opposa une inébranlable résistance. Au contraire, usant de son autorité, de la crainte qu'il inspirait encore, il chargea de veiller sur le jeune prince, sur sa conduite comme sur ses actes, deux hommes qui lui étaient dévoués, l'évêque de Cologne, Cunibert, et le duc Adalghisel. Otto, fils d'un ancien intendant de Dagobert, fut, sous la direction de ces deux personnages, spécialement préposé à la garde et à l'éducation du jeune roi. Sigebert, du vivant de Dagobert, n'eut pas de maire du palais.

Puis, le roi arracha à la dure domination qu'il redoutait pour l'avenir ces paisibles cités d'outre-Loire, tombées pour leur malheur dans le lot des hommes de l'Est, villes opulentes, restées romaines d'esprit et de langue, si dévouées à tout roi qui leur donnait un peu d'ordre et de repos. L'Austrasie fut par lui comme mise en dehors de l'agglomération des royaumes francs, il l'affaiblit, la diminua. Mais, telle qu'elle fut alors, elle était encore bien redoutable pour le reste de la Gaule, qui de son côté allait former un seul État nouveau, l'État *roman*. L'Austrasie s'étendait, plongeait jusqu'au fond de la Germanie, et ses vagues frontières se reculaient toujours lorsqu'elle appelait au pillage du Midi les tard-venus de l'invasion barbare. C'était là sa force : Frisons, Saxons, 'Wendes, Alemans, Bavarois, Thuringes, Franconiens, Sorabes, du jour où les rois, ou plutôt les maires austrasiens s'en allaient guerroyer vers la Seine ou la Loire, devenaient immédiatement, au lieu de tributaires indociles, de vassaux turbulents, des soldats dévoués, des guerriers intrépides. C'était l'explosion formidable de cette haine innée, irréfléchie, brûlante, du pauvre contre le riche, de cette pâle envie cachée dans le cœur des peuples comme dans celui des hommes, tristes et éternelles passions qui ont fait toutes les guerres et tous les crimes. Tous ces barbares, avides d'or, de soleil, de femmes et de vin, abandonnaient, au premier ban de guerre qui retentissait en Austrasie, leurs marais humides, leurs montagnes neigeuses, leurs plaines embrumées, couraient en hâte s'attacher à quelque chef célèbre de la Meuse ou du Rhin, et formaient bientôt ces bandes redoutables des Charles-Martel et des Pépin le Bref qui menèrent à la conquête du sol roman la véritable invasion germanique, plus terrible cent fois à la Gaule civilisée que l'établissement légal, reconnu par les empereurs, des Mérovée et des Clovis.

Du moins, Dagobert pouvait-il espérer que, si ses États préférés de Neustrie, de Bourgogne, d'Aquitaine, qui formaient, réunis sous son sceptre, comme un essai de patrie, la patrie romane, étaient menacés vers le Nord, en revanche, ils n'avaient rien à craindre du côté du Midi ; les Wisigoths d'Espagne, les Lombards d'Italie étaient à leur déclin. Mais, déjà soufflait des côtes d'Arabie ce grand vent d'invasion qui allait pousser à travers la Gaule, jusqu'aux murs de Tours et d'Autun, l'immense nuée des Sarrasins, et le pays roman allait bientôt disparaître, pris dans l'étau formidable de l'Islam et de la Germanie, broyé sous le marteau d'armes du victorieux Charles d'Austrasie.

X

Naissance de Clovis II. 634 Piété de la cour de Dagobert. La succession du duc Sudragésile. Révolte des Gascons. 635. Les chefs gascons amenés prisonniers à Clichy : leur piété envers saint Denis récompensée. Saint Éloi en Bretagne et le tien : breton Judicaël à Clichy, 636.

Dagobert s'était donc résolu à céder aux désirs du peuple austrasien ; une circonstance tout intime lui avait fait peut-être envisager avec moins d'amertume le démembrement de son empire. Sa seule vraie femme, Nanthilde, était près d'accoucher ; il espérait un héritier légitime ; or, devant l'impossibilité, qu'il entrevoyait pour l'avenir, de laisser réunies sur une seule tête les couronnes diverses des royaumes francs, mieux valait que le partage eût lieu plus tôt, de son vivant, et que les deux nouveaux peuples s'habituassent dès lors à vivre séparés.

Peu de temps après la cession du trône d'Austrasie à Sigebert, un fils légitime naquit enfin à Dagobert. L'entant fut baptisé sous le nom de Clovis, nom de bon augure, qui rappelait le souvenir du plus illustre des Mérovingiens. Préoccupé de l'avenir de ce fils, Dagobert voulut qu'un traité définitif, immuable, juré solennellement sur les reliques des saints les plus vénérés, et par suite les plus redoutables, réglât à perpétuité les droits des deux nationalités désormais distinctes, l'austrasienne et la romane. Donc, tous les grands d'Austrasie furent convoqués à un *mahl* solennel, et là, tous, chefs de guerre, évêques, leudes, jurèrent, les mains levées en présence des corps saints, que leur pays ne réclamerait jamais rien de plus que ce qu'il possédait en ce moment, que le jeune Clovis serait reconnu par eux comme seul héritier de tous les États conservés actuellement par Dagobert, et même que Sigebert céderait immédiatement à son père le duché de Dentelin, ancienne possession de la Neustrie enlevée par Brunehaut à Clotaire. Cette dernière condition excita de violents murmures chez les Austrasiens, qui ne l'acceptèrent qu'à regret et par crainte de Dagobert.

En revanche, Dagobert s'engageait pour lui, pour son fils Clovis et pour les héritiers de ce-

lui-ci à ne jamais rien réclamer de l'Austrasie ni en terres ni en trésors. Cette fois, la séparation est bien définitive ; sauf pendant les essais de domination européenne tentés par les Carolingiens, les deux peuples, avec leurs nationalités bien distinctes, leurs caractères bien tranchés, resteront dorénavant face à face, haine au cœur, arme à la main.

Cependant, l'Austrasie, maintenant qu'elle avait obtenu ce qu'elle voulait arracher à Dagobert, avait repris l'offensive contre les Wendes ; aidés de leurs vassaux de Thuringe, les hommes de l'Est étaient venus facilement à bout des Wendes, et Samon avait été réduit à s'humilier devant ses anciens compatriotes.

Mais ces succès ne touchaient plus Dagobert ; depuis la ruine de ses espérances, depuis qu'il lui avait fallu renoncer à cette unité cherchée vainement par tous les grands esprits qui avaient régné sur les Francs, il s'était désintéressé des choses de la terre, de cette gloire qu'il venait d'éprouver si fugitive, de ces joies qu'il avait senties si périssables. Toute la cour, à l'exemple du roi, tombe dans l'ardente dévotion, ne songe plus qu'au salut éternel. Chaque jour un déserteur nouveau quitte l'armée du siècle pour la milice du Seigneur. Le comte Wandrille a donné l'exemple ; il a échangé le manteau de pourpre et d'or des comtes du palais pour la robe de bure des solitaires. Le palais de Clichy se dépeuple de ses hôtes ; en revanche, Saint-Denis, Luxeuil grandissent démesurément, c'est par cinq cents qu'on y compte les moines. Le comte Adon, frère du grand référendaire Audoïn, imite bientôt Wandrille et va fonder l'abbaye de Jouarre ; ceux qui restent encore à la cour, comme Éloi, comme Audoïn, comme Radon, un autre frère d'Audoïn, s'ils ne prennent pas l'habit des cénobites ou la tonsure des clercs, ne songent qu'à bâtir des églises ou des couvents. Éloi, qui a déjà créé le vaste monastère de Solignac dans ses montagnes natales du Limousin, presse la construction d'un grand couvent de filles dans les faubourgs de Paris, bâtit aux mêmes lieux l'église Saint-Paul et ne veut plus travailler qu'à des reliquaires ou à des ornements sacerdotaux. Audoïn élève le monastère de Rebais, Radon celui de Reuil. Dagobert comble son sanctuaire favori de Saint-Denis de richesses de toute sorte, villas, pays entiers, rentes à prendre en argent et en nature, entre autres la redevance des cent vaches que le duché du Maine offrait au roi chaque année ; il attribue à l'abbaye de riches successions, tantôt celle d'un leude, tantôt celle d'une darne de haut rang décédés sans héritiers ; parfois même l'existence d'héritiers ne fait rien à l'affaire, témoin la mésaventure arrivée à la famille du duc Sudragésile.

On se rappelle qu'au commencement de cette histoire nous avons déjà parlé de ce duc dont la conduite insolente avait été sévèrement châtiée par Dagobert encore tout jeune ; il est bien évident que le caractère de Dagobert n'était pas porté à la rancune, car, monté sur le trône, il avait confié à ce personnage un commandement important dans l'Aquitaine méridionale. Mais Sudragésile était toujours resté le leude brutal que nous connaissons déjà. A la suite de quelques exactions, il fut surpris et assassiné par une bande de ses administrés de race gasconne, célèbres par leur humeur peu endurante.

Sudragésile n'était pas plus agréable dans ses rapports avec sa famille que dans sa conduite envers ses subordonnés. Ses enfants ne firent rien pour le venger ; peut-être ne purent-ils rien faire, toute la population haïssant unanimement le défunt. Quelques Francs, habitués aux vieilles coutumes sanguinaires de la Germanie, en conclurent que les fils de la victime éprouvaient pour les meurtriers plutôt de la reconnaissance que de la haine. Un peu plus, ils auraient cru les enfants complices du meurtre de leur père. Tous ces bruits vinrent jusqu'à la cour de Clichy, qui s'indigna. L'abbé de Saint-Denis s'en montra particulièrement scandalisé. La loi salique, la loi franque, n'ordonnait-elle pas aux enfants de venger leur père, sous peine de perdre tout droit à l'héritage ? A cela les enfants de Sudragésile répondaient qu'ils étaient Aquitains et soumis en cette qualité à l'observance du Code Théodosien qui défendait aux particuliers de se faire justice eux-mêmes, laissant ce soin au souverain et aux magistrats. Mais le comité de jurisconsultes qui siégeait à la cour, probablement circonvenu par les moines de Saint-Denis, découvrit dans le fatras poussiéreux des anciens décrets romains, tombés en désuétude pour la plupart, je ne sais quel texte qui semblait ordonner aux fils de venger leurs pères. Il ne s'agissait là, assurément, pour tout homme de bon sens au courant de la législation romaine, que d'une demande de poursuites devant être adressée à l'autorité impériale. Néanmoins, les enfants de Sudragésile furent, pour cause d'ingratitude, dépouillés de tous leurs biens patrimoniaux, et les vingt-neuf domaines du duc défunt furent immédiatement ajoutés à la dotation de l'abbaye de Saint Denis.

La décision des jurisconsultes de Clichy avait été attendue avec impatience en Aquitaine ; la haute position de Sudragésile avait attiré sur ce procès l'attention générale, et chacun se croyait intéressé au respect des lois théodosiennes. Aussi, cette spoliation mécontenta-t-elle vivement les populations méridionales, qui craignaient de voir Dagobert, imitant ses prédécesseurs, fouler aux pieds la vraie loi romaine à laquelle toute l'Aquitaine était profondément attachée.

Cependant il est probable que ce mécontentement se serait bientôt dissipé et n'aurait pas amené de troubles si les Gascons, toujours turbulents, n'avaient pas voulu profiter pour se révolter d'une occasion qu'ils crurent favorable.

Subitement, de toutes les vallées des Pyrénées, de toutes les montagnes basques, au son rauque des cornes de bœuf, se rua sur l'Aquitaine une multitude armée d'épieux, de couteaux, d'arcs et de flèches, chaussée d'espadrilles en cheveux humains, mal équipée, mais dangereuse par son énergie et par la soudaineté de son irruption. Surpris, les comtes francs ne firent que peu de résistance. Le duc d'Aquitaine, qui commandait en chef à tous les ducs et à tous les comtes de la contrée, se renferma dans Bordeaux. Tout le plat pays, de Toulouse à la mer, fut horriblement ravagé. Dagobert, à ces désastreuses nouvelles, agit avec promptitude. Il eut, dans ces graves circonstances, encore une fois recours à sa fidèle armée burgonde qui, seule bien disciplinée, était sa véritable force. Il confia au vieux général de Brunehaut, à Chadoïnde[1], le vainqueur de Tolbiac, la direction suprême de la campagne. Avec lui, dit Frédégaire, durent marcher dix ducs à la tête de leurs troupes, savoir : Arimbert, Am algai re, Leudebert, Wandalmar, Walderic, Hermenric, Baronte, Chairard, Chramnelène, Willibade le patrice, et un chef d'origine saxonne, Amandus[2], ainsi

---

1 Chadoïnde, protégé de Brunehaut, commandait les troupes du roi de Bourgogne, Thierry, lorsque celui-ci vainquit son frère Théodebert, roi d'Austrasie, dans les deux sanglantes batailles de Toul et de Tolbiac, en 612.
2 Appelé aussi Æginan. Beaucoup d'auteurs, trompés (comme M. Fauriel, dans son *Histoire de la Gaule méridionale*) par la fausse charte d'Alaon, font de cet Amandus un duc des Gascons. Le texte de Frédégaire dit en parlant de ce personnage : *Seniores Vasconiæ cum duce Amando venerunt*. Cela ne veut pas dire : les seigneurs gascons vinrent avec leur duc Amandus ; c'est escortés par le duc Amandus, qu'il faudrait dire. Autrement on aurait mis : le duc Amandus vint avec ses seigneurs. Quand on dit que des voleurs viennent au tribunal *avec* un gendarme, cela ne veut pas dire que le gendarme soit leur chef.
On ne dit pas : les soldats viennent avec leur général, mais bien le général vient avec ses soldats. De même, si Amandus avait été le duc des Gascons, on aurait mis Amandus vint avec ses seigneurs, et non les seigneurs de Gascogne vinrent avec le duc Amandus.

que plusieurs comtes qui n'avaient pas de duc au-dessus d'eux. Nous trouvons dans cette liste énumérative des noms que nous connaissons déjà. Chadoïnde est l'ancien général de Brunehaut et de Thierry, chargé ensuite par Dagobert de réviser les lois avec Claudius et le duc bavarois Agilulphe ; Willibade n'est autre que cet ancien ami de Dagobert qu'il accompagnait, au commencement du règne, dans le voyage de Bourgogne. Amalgaire est cet ambassadeur envoyé à Sisenand pour réclamer énergiquement le bassin d'or de Thorismond. Baronte n'est autre que ce mandataire infidèle, qui fit de très grandes dépenses lorsqu'il fut chargé par Dagobert d'aller querir à Toulouse le trésor de Caribert ; sans doute était-il rentré en grâce, et on l'avait probablement choisi comme Amalgaire, à cause de la connaissance que tous deux devaient déjà avoir du pays.

L'expédition, sagement dirigée par Chadoïnde, eut un plein succès ; les Gascons reculèrent devant les troupes franques jusqu'aux Pyrénées, et là, acculés à leurs montagnes, voyant la partie perdue, ils implorèrent leur pardon, pardon qui leur fut accordé à la condition que leurs chefs se rendraient à discrétion, Dagobert seul devant décider de leur sort.

Pendant toute la campagne, les Francs n'avaient éprouvé qu'un échec partiel : le duc Arimbert, méprisant les recommandations de Chadoïnde, et voulant faire la guerre à la vieille mode franque, s'était avec ses troupes séparé du corps principal de l'armée, puis avait poussé droit devant lui à travers le pays gascon. Il était parvenu jusque dans la vallée de la Soule, mais là les Gascons s'étaient montrés tout à coup, l'avaient cerné avec des forces supérieures et avaient exterminé duc, officiers et soldats, sans faire quartier à personne.

Ce succès était alors bien regretté des chefs gascons remis par leurs compatriotes aux mains des ducs francs. Escortés par le duc Amandus, ils avaient pris la route de Clichy ; le voyage était long en ce temps-là, fort chanceux ; bien des circonstances pouvaient faire qu'on n'arrivât pas où l'on croyait aller. Aussi, pendant le commencement du voyage, nos seigneurs gascons, *seniores Vasconiæ*, firent-ils bonne contenance. Mais à mesure que l'on s'avançait vers le nord, leur front se rembrunissait, cette route, pourtant si longue, au bout de laquelle se dressait dans leur imagination la figure justicière du grand roi des Francs, leur semblait d'une inconcevable brièveté. Maintenant, ils voulaient s'arrêter à toutes les églises, longuement prier tous les saints, visiter tous les oratoires, s'y recueillir profondément ; jamais on n'avait vu d'hommes aussi pieux ; l'escorte en était tout particulièrement édifiée.

Le voyage dura longtemps, plusieurs mois. Enfin, on arrive au terme de cette longue pérégrination ; voici les rives de la Seine, on approche de Clichy. Déjà Amandus montre aux Gascons l'ange colossal qui surmonte le toit de l'église de Saint-Denis, il leur raconte les merveilles de la basilique, de quelles richesses, de quels privilèges, droits souverains, droit d'asile et autres le pieux Dagobert l'a dotée. Les Gascons écoutent le duc avec componction. Pour leur complaire, Amandus veut bien les faire passer devant l'église ; on traverse la ville nouvelle, voici la basilique, le cortège défile devant le saint parvis ; les pieux Gascons

---

M. Fauriel et les historiens qui avaient adopté ses doctrines, aujourd'hui abandonnées, n'avaient pas assez fait attention au nom d'un des ducs qui commandaient, au dire de Frédégaire, l'armée de Dagobert. Ce duc, nommé Æginan dans quelques textes, mais aussi Amandus dans les manuscrits les plus anciens, est vraisemblablement le même duc qui est, après la victoire, chargé de conduire les chefs gascons à Clichy.

contemplent avec ferveur le monument qui recouvre les restes d'un si grand martyr ; ils semblent plongés, anéantis dans une extase céleste... Quand brusquement, d'un seul coup, tous sautent à bas de leurs chevaux, culbutent leurs gardes ébahis et se précipitent comme un ouragan dans l'église, asile inviolable, leur a dit Amandus.

Qui fut penaud, ce fut le duc. En vain supplia-t-il les Gascons de revenir, de quitter la basilique ; prières, menaces, rien n'y fit. D'une commune voix, les Gascons déclarèrent qu'ils ne sortiraient que lorsque Dagobert aurait solennellement juré par saint Denis de leur octroyer un pardon complet.

Amandus n'eut donc d'autre ressource que d'aller conter l'aventure au roi. Au lieu de se fâcher, Dagobert s'en amusa fort, loua la présence d'esprit des Gascons et leur pardonna en faveur de leur pieuse confiance en saint Denis.

Quelque temps avant cet événement, Dagobert avait eu à Clichy une autre visite, également d'un vassal repentant. Ce vassal était Judicaël, roi indépendant de l'Armorique, disaient les Bretons, comte tributaire, prétendaient les Francs. Depuis près d'un siècle, les Bretons étaient devenus redoutables ; unis sous un seul chef, ils avaient chassé de Rennes et de Nantes les comtes francs qui y commandaient. Judicaël, successeur de Salomon II, avait même fait quelques incursions dans le pays du Maine, à la suite de certaines discussions avec, les officiers gardiens des frontières franques. Une guerre était imminente ; heureusement, Judicaël était un personnage très pieux, peu ambitieux, presque ascétique, et qui allait bientôt échanger sa couronne de Bretagne contre la tonsure en demi-cercle des clercs de l'observance hibernienne. Dagobert, connaissant le fort (ou le faible) du *tiern* breton, lui dépêcha en guise d'ambassadeur le grand monétaire Éloi, devenu depuis quelque temps d'une sainteté égale à celle de Judicaël. Entre saints on devait s'entendre facilement. Judicaël se rendit aux observations d'Éloi, d'autant plus aisément que Dagobert avait déclaré hautement que son armée burgonde, qui venait d'en finir avec les Gascons, s'en retournerait, si Judicaël ne donnait pas toutes satisfactions, en passant par la Bretagne.

Il fut donc convenu entre le chef breton et le monétaire franc que le premier viendrait en personne à Clichy, afin de rendre hommage à Dagobert et de s'excuser du passé en promettant fidélité pour l'avenir.

Judicaël se mit en route et arriva en compagnie d'Éloi au palais de Dagobert, et là il se passa une scène assez étrange que nous allons brièvement rapporter.

Judicaël était donc arrivé à Clichy apportant avec lui force présents qui furent parfaitement reçus. Dagobert, ne voulant pas être en reste de politesse, invita gracieusement le tient breton à s'asseoir à côté de lui, le soir même, à sa table royale.

Mais Dagobert, bien que fort attristé pendant quelque temps à la suite de la cession de l'Austrasie, était parvenu à vaincre un peu son humeur noire. Il avait repris, tout en restant fort religieux, ses habitudes de luxe et d'élégante galanterie. Aussi, quand saint Judicaël arriva pour prendre place à la table royale, resta-t-il stupéfait à la vue de cet étrange assemblage de saints et de femmes aimables, de graves personnages et de filles légères. Les blanches épaules, les gorges découvertes, les bouches souriantes des commensales de Dagobert effrayèrent sa vertu ; les grands flacons de verre, remplis de vin et de cervoise, les brocs d'argent pleins de cidre écumant épouvantèrent la sobriété de ce cénobite couronné qui, pour allier la tempérance du chrétien à la majesté du roi, ne buvait que de l'eau, mais dans une coupe d'or. Craignant de succomber à la tentation, il se voila la face et courut chercher asile chez le grand référendaire Audoïn, qui, livré aux exercices de la plus austère piété, faisait table à part et vivait retiré dans son oratoire. Puis, redoutant sans doute quelque nouvelle invitation du roi, Judicaël en grande hâte s'en retourna dès le lendemain matin vers son pays de Bretagne, déplorant la légèreté de mœurs du Salomon Mérovingien.

Dagobert ne s'offensa pas de ce brusque départ ; il avait du moins- le mérite, s'il entendait vivre à sa guise, de n'e violenter les goûts de personne. Il resta en bonne intelligence avec Judicaël, et les Bretons et les Francs demeurèrent alliés jusqu'au temps de Pépin d'Héristal.

XI

Le mahl de Garges et le testament de Dagobert. 636. Sa vie pendant ses
dernières années, sa tristesse, sa mort à Saint-Denis. 638.

Cependant Dagobert s'inquiétait de l'avenir ; quoique jeune encore (il n'avait guère qu'une trentaine d'années), il sentait que, comme pour tous ceux de sa race, la vie pour lui serait courte ; le sort de son fils Clovis le préoccupait, car il savait que les dernières volontés des rois sont rarement respectées ; sans doute, espéra-t-il en frappant l'imagination des peuples, en s'appuyant sur le sentiment religieux si fort alors, donner plus de poids à ses intentions suprêmes.

Dans une grande plaine dénudée, encadrée seulement par quelques bouquets de bois, s'élevait le palais de Garges[1]. Là s'était, le 1er mars de l'an 636, réunie la grande assemblée annuelle, le *mahl*[2] des guerriers francs. C'était dans ces grandes réunions que se décidaient chaque année les guerres qu'on devait faire, c'était du champ du *mahl* que partaient jadis, du temps des premiers rois mérovingiens, ces bandes victorieuses qui battaient tous les peuples et jusqu'aux troupes d'Attila. Tous les Francs, même ceux d'Austrasie spécialement convoqués, sinon comme sujets, du moins comme alliés et intéressés aux choses franques, s'étaient rendus à l'appel de Dagobert. Quatre armées distinctes campaient dans la plaine de Garges : celle d'Austrasie, celle de Neustrie, celle de Bourgogne et celle d'Aquitaine. L'armée austrasienne a déjà un aspect tout féodal ; les leudes à cheval, vêtus de mailles, casqués de fer, forment une lourde et redoutable cavalerie ; leur infanterie, au contraire, composée des simples hommes libres qui seront bientôt des serfs, est mal équipée, à peine armée. En revanche, avec eux sont les contingents de la Saxe et de la Frise, qui portent

---

1 *Bigargium* : il s'agit ici de Garges près Saint-Denis et non de Garches près Saint-Cloud.
2 A cette époque, les champs de Mars sont encore des assemblées militaires ; les différents cantons y envoient des contingents équipés, approvisionnés, prêts à partir en guerre ; plus tard, ce seront des assemblées civiles.
Le trône doré, sur lequel s'assied Dagobert au *mahl* de Garges, est très probablement le fauteuil de bronze conservé au Louvre et qui était resté à l'abbaye de Saint-Denis. Il en est fait mention dans divers inventaires de l'abbaye sous la désignation suivante : un vieil trosne de bronze où soulait s'asseoir le roy Dagobert, pour tenir sa cour.
Dagobert avait par testament laissé son mobilier à Saint-Denis.

encore le rustique bouclier d'osier de leurs ancêtres, les Bavarois et les Alemans sauvages, graissés d'huile et de beurre rance, vêtus de peaux, armés de massues, de larges coutelas de fer et dont les chefs se distinguent par les têtes de loup garnies d'étoffe rouge qui grimacent sur leurs fronts. Les Neustriens ont peu de cavalerie ; quelques grands seulement sont à cheval, entourés de leurs *antrustions* et de leurs *bénéficiaires* ; la plupart des hommes ont conservé l'équipement traditionnel des Saliens ; pas d'armes de jet, ils ne se battent que corps à corps, l'angor et la francisque sont toujours leurs armes favorites. A côté d'eux, disposés sur des rangs réguliers, séparés en cohortes, armés à la manière romaine, se tiennent graves et sérieux les hommes libres de Bourgogne ; en avant de chaque cohorte, sont les officiers, revêtus de la cuirasse de peau, tenant la canne des centurions ou la courte épée des anciens tribuns légionnaires. Enfin, ce sont les Aquitains, tout fiers, tout heureux de former à présent, grâce à la bienveillance de Dagobert, un corps de nation distinct ; là, nous trouvons les armes de jet, si rares chez les Francs proprement dits ; une partie du contingent est composée de montagnards gascons, armés de leurs arcs et de leurs javelots ; avec eux sont les citoyens, les troupes urbaines des villes municipales d'outre-Loire, guidés par leurs *maîtres de milice*. Ces hommes du Midi sont vêtus de couleurs claires ; sur leurs chemises de mailles ou leurs justaucorps de peau ils portent des cottes d'étoffe rouge, verte ou bleue, suivant les différentes villes auxquelles ils appartiennent ; leurs souliers de cuir se recourbent en pointe, leurs manches serrées au poignet se développent largement vers l'épaule ; plusieurs corps de troupes urbaines ont des bannières représentant le saint protecteur de leur ville.

Tous, Austrasiens, Neustriens, Burgondes, Aquitains, sont rangés en ordre de bataille ; les chefs des différents pays sont réunis sur le front de l'armée ; voici les ducs austrasiens et neustriens, les *herezog* héréditaires des Bavarois et des autres vassaux d'Austrasie, les patrices de Bourgogne, les *défenseurs* des villes d'Aquitaine, et, seul de son titre, le recteur unique de Provence, gouverneur suprême d'Aix et de Marseille.

En face de cette immense réunion, sur une petite éminence faite de main d'homme, on a placé pour le roi un fauteuil de bronze doré, ouvrage d'Éloi, qui l'a copié sur les sièges curules des magistrats romains. Enfin s'ouvrent les portes du palais ; entouré des évêques, suivi d'une longue file de clercs, Dagobert apparaît. Mais il a l'air maladif ; son visage est empreint d'une tristesse profonde ; sur sa figure amaigrie on voit les traces d'une secrète douleur, l'annonce d'une fin prochaine. Ah ! ce n'est plus un de ces *mahl* joyeux du jeune temps des Mérovingiens, alors que, sous Clovis ou sous Clotaire Ier, les guerriers se réunissaient au renouveau de chaque année pour se lancer à de nouvelles conquêtes, guidés par un *Koning* tout exubérant de force et de santé, fils vigoureux des forêts du Nord, qui faisait trembler les pâles Césars et leur cour d'eunuques au fond de leur palais d'un jour. Ce n'est plus un de ces *mahl* d'autrefois où le *Koning* aimé et redouté apparaissait comme une vision sanglante, dans son rouge costume de guerre, ses cheveux mêmes teints en rouge, porté sur les boucliers de ses antrustions farouches, et d'un geste formidable indiquait à ses braves impatients quel peuple, cette année-là, les Francs allaient dévorer. Alors, aux premiers vents d'ouest fondaient les grandes neiges d'hiver, et la fière nation des Francs partait, allègrement, en guerre contre les Romains, contre les Goths, les Lombards, les Burgondes, les Huns, contre l'impossible, joyeuse et chantant au clair soleil du printemps.

Maintenant le soleil est voilé, le temps est gris, dans la grande plaine jaunie par les gelées d'hiver, sous le vent aigre de mars, on dirait, à voir cette file d'évêques pâles, de clercs tristes qui murmurent quelque traînante litanie, la pompe funèbre d'un roi mort avant son temps ; et le cri de bienvenue, qu'allait pousser l'armée, s'arrête dans toutes les poitrines ; un grand silence se fait, pas d'éclats de cor, pas de ces joyeux bruissements d'armes, de ces cliquetis sonores de piques et d'épées, musique aimée des vieux rois de guerre. Et, tandis que tout se tait, hors l'âpre sifflement du vent dans la plaine, Dagobert s'assied sur son trône, les évêques se rangent autour de lui, les grands s'approchent, et le roi se soulève lentement pour parler à ses peuples assemblés.

Cette année, ce n'est pas de guerre, de combats, de butin à gagner, de provinces à soumettre qu'il va s'agir dans son discours. Hélas ! il est passé le temps où les rois francs mouraient dans les batailles ; Dagobert va simplement lire le testament qu'il a dicté à ses notaires[1].

> O seignour roi mi dous filz, prélas et barons et li très fors princes du roiaume de France, entendez-moi. Avant que l'eure de la mort nous souprengne, nous convient veiller et entendre aus saluz de nos ames qui de ne nous truisse par aventure en tel point que elle nous occie despourveuz et nous rende aus tourmenz de mort pardurable. Si devons achater la joie des cielz des transitoires sustances de cest monde, tandiz comme nous vivons, si que li souvrainz Juges qui rendra à chascun selonc sa mérite, nous rende après la mort du cors les biens que nous avons faiz à ses povres en ceste mortel vie et que nous soions recrée et saoulé de ses biens esperitueux en la perdurable joie de paradis, et soions abevré de cele vive fontaine qui dure sanz apétisement, qui senefie la grâce du saint Esperit selonc les escriptures, de laquelle nus n'est escondiz, qui en parfaite foi la requiert. Et pour ce que je reverche mon cuer et ma conscience, et regarz l'examinacion et l'épreuve du grant jour du jugement et la droiturière justice du souverain Roi, ai-je grant paour que je ne soie dapnez et feras de celle crueuse sentence par mes péchiés, que l'en getera sur les mauvais : Alez vous maloit en enfer qui est appareilliez au dyable. Et d'autre partje ai souverain désirrier d'estre escris ou livre de vie pardurable, et que je soie mis en la joie de paradis qui durra sang definement. Pour ce me semont et amonneste la devocion de mon cuer d'ordener et de confermer mon testament de saine pensée et de sain conseill, que li darrain jour de ma vie ne me truisse despourveu ne pareceux. Ouquel testament nous avons ou fondées ou enrichies presque toutes les églises de nostre roiaume en nostre tens et les avons douées et faites hoirs de nos propres dons en l'onor de

---

[1] En ce moment où le vieux français, ou soi-disant tel, est à la mode, nous avons pensé être agréable au lecteur en lui donnant le plus vieux texte de ce testament, emprunté aux *Chroniques de Saint-Denis* de la collection des *Historiens des Gaules*, de dom Bouquet.
Disons à ce propos que les *Chroniques de Saint-Denis*, dont il faut se méfier pour les premiers temps de l'histoire de France, sont précieuses en ce qui concerne le règne de Dagobert. Bien que rédigées cinq cents ans plus tard, elles doivent avoir évidemment eu pour base, en ce qui concerne le règne du fondateur de l'abbaye, bien des traditions soigneusement conservées et même bien des documents manuscrits, religieusement gardés dans le chartrier abbatial.

Dieu, des Sains et des Saintes pour le remède de nostre âme. Et pour ce Seignour Roi et Baron et Prélat que cist don soient ferme et estable, nous avons escrites quatre chartres d'une sentence et d'une letre par noz consentemens esquiex tuit li don que nous avons fais aus Églises de nostre roiaume sont contenu et nonmez par propres nons ; si seront envoiés par quatre parties du roiaume. L'une sera portée à Lyons sur le Rosne,l'autre sera mise ès escrins de l'Église de Paris, la tierce sera gardée à Mès en Loheraine et sera livrée au duc Auboim (saint Goéric), et la quarte que je tieng ci en ma main sera gardée en nostre propre trésor. Ce est donques nostre dévocion, li soulaz et li confors Jesu-Crist qui reçoit liement les veus qui li sont offers de citer parfait. Car nous savons bien que cilz aura certaine fiance ou jour de noncité qui aura donné aus Églises et aus povres les biens par quoi il seront soustenu et repeu ; si l'en rendra le guerredon li Rois des cieux ; et qui despit les povres, il sera despiz de Dieu selonc l'Escriture qui dist que cilz qui n'a pitié des povres fait tort à nostre Seignour. Pour laquel chose nous amoneste nostre devocion, si comme nous avons jà dit, d'establir nostre testament en tel manière que quant la volenté nostre Seignour sera que nous trespasserons de cest siecle, li Prestre et li Menistre qui à ce tans seront ès offices des Églises, à qui nous avons nos dons donnez ; quant il seront certain de nostre mort, enterront ès possessions des benefices que nous leur avons donnez sans atendre que autre les i mete, si comme il est contenu es chantres et recevront entièrement et en toutes franchises les apartenances des liex que nous avons donnez et serviront touz jours mes nostre Seignour pour le remède de nostre âme. Si volons que chacuns puisque il aura receues les rentes des benefices escrive nostre nom ou livre de vie et nous ramentoive principaument et sans défaut nul ès oroisons de sainte Église chacun Diemenche et en toutes les festes des Sains. Une autre chose commandons où nous avons moult grant fiance, que nous conjurons par la vertu du ciel touz les Prestres qui à ce tens seront es lieux devant diz et chacuns aura receu les biens que nous avons donnez, que chacuns célebre une Messe pour nostre ame toua les jours des trois premiers ans, et offre sacrefice à nostre Seigneur que il me des-charge du fait de mes péchiés. Si establissons nostre Seignor juge et tesmoing de ceste chose en la présence de touz ceuz qui ci sont assemblé ; si livrons cest testament au roi Loys et au roi Sigebert noz chiers fiulz que la largesse nostre Seignour nous a donnez hoirs pour gouverner nostre roiaume et ceulz qui après seront, se nostre Sires nous en voloit plus donner et lor commandons qu'il tienent et facent tenir ce nostre commun décret ; et si les conjurons eulz et tous ceulz qui après vendront, par la Trinité du non tout puissant et par la vertu de la Vierge Marie, des Angles, des Patriarches, des Prophètes, des Apostres, des Martirs, des Confesseurs et des Vierges et de tous les Sainz de Paradis que il facent garder fermement et perpetuelment ce nostre establissenzent selonc la sentence de la Chartre. Et pour que cist précept dure perpétuelment, nous le confermons de l'auctorité de nostre séel, et commandons à ceulz qui ci sont present que il le conferment aussi par leur seaux ou par leur subcricions. Et si vous amonestons de rechief Seignour roi mi hoir et mi chier fil, et touz ceulz qui après vous seront, que vous ne brisez pas noz fais ne noz establissemens, se vous volez que cil que vous ferez après aient fermeté. Car vous porez bien savoir que se vous ne tenu les estatutz de nous et de noz ancessours, cil qui après vous seront ne tendront pas les voz.

La lecture terminée, le grand référendaire Audoïn vint prendre le testament des mains du roi et le présenta au jeune Clovis, debout près du trône, qui le signa de sa main enfantine ; puis, successivement, Æga, Eloi, Radon, les évêques, les ducs, les comtes s'approchèrent ; chacun apposa sa signature ou son cachet au-dessous des noms de Dagobert et de Clovis, et le testament, dûment certifié véritable suivant la mode mérovingienne, fut remis à l'abbé de Saint-Denis pour être précieusement gardé dans le trésor de l'abbaye.

Dagobert vécut encore près de deux ans, mais l'histoire de son règne n'offre plus de grands événements. La vie du roi s'écoule dans ses villas du Parisis ; il va de Clichy à Aubervilliers, de Garges à Reuilly ; il a comme perdu son énergie d'autrefois, il laisse aller les choses à leur cours naturel. Il lui a déjà fallu renoncer à la grande idée de l'unité franque, et maintenant, petit à petit, devant la sourde opposition des grands, ses réformes fiscales tombent en désuétude. Du moins, fait-il régner l'ordre dans son royaume ; le pauvre peuple est protégé, tout est calme, paisible, et le pays entier semble s'engourdir, voyageur fatigué des âges, qui se repose comme à un foyer tiède, sous l'abri tutélaire du pouvoir de Dagobert.

Le roi vit comme tous les nobles francs ; le matin, la messe ; dans le jour, les grandes chasses en forêt, rarement un combat d'animaux donné pour amuser le peuple de Paris dans le cirque construit par Clotaire II, non loin du palais des Thermes ; quelquefois un conseil tenu avec les grands dignitaires de l'État et les comtes du palais, et, le soir, les banquets qui se prolongent dans la nuit, jusqu'à l'heure où chantent matines les saints de la cour, Audoïn, Éloi et les autres. Mais cette vie n'est pas celle qu'a rêvée Dagobert. Le sentiment de son impuissance et l'impossibilité d'accomplir ses vastes desseins l'assombrissent et le rendent morose. L'esprit actif, inquiet et novateur du monarque ne trouve plus d'aliments, depuis qu'il s'est convaincu que la fatalité des choses le forçait à se laisser vivre à la manière de ses aïeux, comme le voulaient ses grands et ses clercs. Quelles distractions pourrait-il trouver ? Les lois austères de l'Église défendent maintenant toutes les fêtes profanes comme entachées de paganisme ; les mascarades, les étrennes données ou reçues sont punies du feu éternel ; depuis Childebert, sur l'ordre des évêques, on ne danse plus dans les Gaules. La science est mal vue, la lecture des auteurs païens est considérée comme dangereuse. Puis, voici que les amis les plus chéris du roi sont plongés dans la dévotion, ne parlent plus que de textes pieux, se signent aux chants joyeux que jadis ils entonnaient tout comme les autres. Dans les villas de Dagobert, on n'entend plus que des litanies, des hymnes, des répons, et Dagobert s'ennuie. Bientôt, vieilli par le chagrin, il ne trouve plus de distraction que dans les longs repas ; il y cherche l'oubli, il y trouve la mort.

Sa santé se délabre, la dysenterie, la maladie des Francs de la décadence, se déclare, devient chronique ; eau bénite à foison, attouchement de reliques, rien n'y fait ; moines et médecins y perdent le peu de science qu'ils pouvaient avoir. Vers les premiers jours du mois de janvier 638, se sentant plus mal, Dagobert s'était fait transporter à sa villa d'Épinay pour être plus près encore de Saint-Denis. Là, il voulut prendre ses dernières dispositions. Æga fut appelé auprès du monarque mourant qui le chargea de veiller sur la reine Nanthilde et sur Clovis, rétablissant pour le fidèle ministre cette charge de maire du palais, qu'il avait jadis supprimée comme trop dangereuse pour la royauté. Mais, en ce moment, avec la perspective d'une longue minorité, il fallait bien rétablir cette puissante autorité d'un seul, qui, remise entre des mains dévouées, était seule capable de tenir en respect la turbulence naturelle à tous les Francs, même aux plus attachés à la famille mérovingienne.

Cependant, l'état de Dagobert empirait tous les jours ; un matin du milieu de janvier, comprenant que sa fin approchait, il voulut aller mourir à Saint-Denis, devant la châsse du martyr, qui, au début de sa carrière, l'avait tant de fois protégé. Dans le brouillard d'hiver, sous les grands peupliers levant vers le ciel gris de neige, comme des bras désespérés, leurs rameaux effeuillés, s'avançait à pas lents le cortège du roi expirant ; on suivait ces rives de Seine, jadis, lors des beaux jours passés, si souvent parcourues par les joyeuses cavalcades des hôtes royaux de Clichy. Autour de la litière qui transportait Dagobert tous les officiers de la cour marchaient en pleurant ; de chaque côté du roi, l'entretenant des choses du ciel, se tenaient Eloi et Audoïn. Bientôt, on arriva aux terres de l'abbaye ; aux limites, attendait l'abbé, vêtu déjà d'habits de deuil, entouré de ses moines priant à mi-voix. On porta le roi dans la basilique, au milieu du chœur, devant le grand autel ; là, résonnait cette psalmodie qui devait, avait espéré Dagobert, monter perpétuellement vers Dieu et l'implorer sans cesse, jusqu'à la fin des siècles, en faveur de ce peuple des Francs, nommé déjà le bras du Seigneur. Quand le cortège pénétra dans l'église, les chants, sans s'interrompre, se modifièrent comme d'eux-mêmes. Par une insensible dégradation, l'hymne éclatant à la gloire du Seigneur se voila de notes tristes, et bientôt, doucement, de toutes les poitrines, de celles des clercs et de celles du peuple entré en foule à la suite du roi aimé, s'exhalèrent, comme des soupirs, ces rythmes désolés, ces lentes harmonies dont l'Église accompagne les âmes qui s'en vont. Soutenu des bras de ses amis, d'Æga, de Willibade, d'Éloi, d'Audoïn, le roi priait, assistant en quelque sorte par avance à ses propres funérailles. Mais, tandis que l'air vibrait aux sourds frémissements des voix et des sanglots, doucement Dagobert s'éteignait. La nuit venait : telle que le chant d'une mère endormant son enfant, la grande voix de la foule s'abaissait dans l'église attristée et semblait mourir avec celui qui mourait. Enfin, Dagobert, au milieu des larmes de ses amis, exhala le dernier soupir ; alors, brusquement, des profondeurs obscurcies de la basilique jaillirent les flammes lugubres des luminaires, et, sous le pâle reflet des lampes blafardes, sous la lumière jaune des cierges, de la foule agenouillée, monta vers le ciel, comme la grande plainte des Gaules éplorées, le chant formidable des Morts.

Dernièrement, j'ai voulu revoir la vieille basilique chérie de Dagobert ; elle était vide, la psalmodie perpétuelle s'était tue depuis bien longtemps ; le silence et le froid régnaient dans cette vaste nécropole où gît le souvenir de la France antique. Tant de rois s'y sont succédé que Dagobert y est bien oublié. Pour quelques sous, honteuse aumône prélevée sur la curiosité, des touristes entrèrent pour visiter d'un œil distrait la longue suite des tombeaux, peu sensibles à leur muette et profonde éloquence. Arrivée devant le monument de Dagobert, d'une voix unanime la bande des visiteurs s'écria : On le connaît, celui-là, c'est le roi de la chanson ! Voilà donc, ô grand roi, le seul souvenir qui reste de toi : tes guerres, tes lois, ton vaste empire, tout est oublié ; et si quelque poète irrévérencieux n'avait en un jour de gaieté pris ta noble figure pour sujet de sa muse folâtre, on ne te connaîtrait pas plus que les Childéric III ou que les Thierry IV. Eh bien ! pauvre méconnu, console-toi ; elle est peut-être plus belle la part des rois qui font sourire que celle des rois qui font pleurer.

PANÉGYRIQUE DU ROI DAGOBERT.

Il y a dans l'histoire, non seulement des personnalités, mais même des époques entières, sacrifiées par tous les auteurs. Il n'y a pas d'exemple plus frappant de cette incontestable vérité que la manière absurde et fausse, la façon frivole et légère dont presque tous les historiens traitent l'époque mérovingienne. Examinons un peu les causes de cette défaveur. Ce n'est certes pas la trop grande antiquité ; les fouilles de Troies et de Mycènes, les prétendues découvertes des ustensiles de cuisine d'Hécube ou des objets de toilette du grand Agamemnon sont devenues fort à la mode ; on s'occupe beaucoup des Grecs, des Romains, des Hébreux, des Phéniciens, voire des peuples lacustres, tous gens assurément plus anciens que les fils oubliés de Mérovée. Ce n'est pas le défaut d'intérêt ; peu d'annales, au contraire, peuvent offrir à l'esprit humain un aussi curieux aliment. C'est à la fois la fin d'un monde et l'éclosion d'un autre. La vieille civilisation romaine, laïque et municipale, agonise avec Brunehaut, et meurt avec Dagobert sur les rives de la Seine gauloise, tandis que l'ère des Carolingiens, féodale et cléricale, se lève, comme l'aurore d'une société nouvelle, sur les flots verts du Rhin germanique.

Les causes de cet injuste oubli, les voici brièvement énoncées : d'abord, la rareté des historiens de cette époque ; pour Dagobert, qui doit ici nous occuper tout particulièrement, nous n'avons qu'un annaliste contemporain, le sec Frédégaire ; à Frédégaire on peut, il est vrai, ajouter nombre de *Vies de saints* écrites à des époques fort rapprochées de Dagobert. Mais ces *légendes dorées*, trop dorées par l'imagination des moines en extase devant leur patron, ont rebuté la plupart des historiens modernes ; on s'y enchevêtre dans les miracles ; il faut tenir d'une main ferme le fil d'Ariane de la raison pour se tirer de ce dédale d'apparitions célestes, de ce labyrinthe d'interventions divines et miraculeuses. Bon grain, ivraie, tout est mêlé, et c'est le cas ou jamais d'employer énergiquement le crible serré du scepticisme. Lorsqu'au dix-huitième siècle, les philosophes, préludant aux grands temps modernes, commençaient à étudier sérieusement l'histoire de nos origines, non plus à la façon scolastique des pédants écrivains du temps de Louis XIV, des Mézerai, des Valois, des Montfaucon et de tant d'autres, même de plus célèbres, de prétendus *universels*, les clairs esprits de la nouvelle école reculèrent épouvantés devant ce fatras historique, accumulé durant des siècles dans les salles poussiéreuses de quelques couvents ignorés. C'était qu'à cette époque-là manquait un sentiment que nous autres modernes nous possédons à un degré bien haut, peut-être même un peu trop haut, l'instinct du réalisme et de cette pauvre couleur locale dont on a tant abusé. Dans ces vies des saints un détail de mœurs, parfois perdu dans une longue série de faits absurdement miraculeux, mérite d'être recueilli ; une phrase, un mot tombé négligemment d'une plume qui ne s'occupe pas des choses de cette terre, nous explique toute une époque ou du moins nous comble une lacune.

Voilà donc la première cause du mépris général des historiens pour les Mérovingiens. Dagobert en est victime comme tous ceux de sa dynastie ; mais d'autres motifs, qui lui sont particuliers, ont amené l'oubli de ses grandes actions et le renom parfois peu respectueux qui pèse sur sa mémoire. Nous avons dit plus haut que le seul historien, que nous ayons comme contemporain de ce prince, était Frédégaire. Devant ce manque absolu de concurrence historique, il a bien fallu que les chroniqueurs postérieurs s'adressassent à lui ; or, qu'était-ce que Frédégaire ? A l'époque où ce personnage, quel qu'il fût, rédigeait son histoire, les auteurs n'étaient pas comme aujourd'hui les serviteurs du public, mais bien les clients de quelque unique protecteur. On était l'écrivain d'une famille qui vous donnait le vivre et le couvert ; nul n'aurait vécu de sa plume, chaque auteur, en ces temps-là, n'avait guère d'autres lecteurs que lui-même et que quelques amis ; Frédégaire est évidemment l'historien attitré des Carolingiens ; son histoire est tellement la propriété de cette famille, qu'un de ses membres, Childebrand, frère de Pépin le Bref, veille à ce qu'elle soit continuée. L'époque de Frédégaire est justement celle où les Carolingiens commencent à supplanter les descendants de Mérovée. Quels ont été, parmi les membres de cette dernière dynastie, les plus terribles adversaires des premiers Carolingiens, d'Arnoul et de Pépin ? Ce fut d'abord Brunehaut, et voyez comme Frédégaire en parle ! puis après, Dagobert. Avec ce dernier, Frédégaire y met plus de formes qu'avec Brunehaut ; quand il écrit, Dagobert vient à peine de mourir, son souvenir est encore vivant, il a fait de grandes choses, surtout il a été juste ; impossible de le nier. Que fait notre historien ? Son système est bien simple : Dagobert a eu quelque temps pour ministres Arnoul et Pépin ; tout ce qui pendant le règne a été fait de bien doit être rapporté à ces deux ministres ; tout ce qui a été fait de mal, principalement l'établissement des impôts, est l'ouvre personnelle du pauvre Dagobert. Et voici comment, le soir, pendant les longues veillées, on apprenait aux jeunes fils des leudes de Grimoald ou de Pépin le Bref l'histoire de ces premiers rois francs dont les pâles successeurs régnaient encore, mais déjà flétris du nom de fainéants.

Puis, outre l'histoire qui ne sortait pas d'un certain cercle étroit, il y avait, plus puissantes cent fois, la légende et la tradition. En ce temps-là la légende est toute chrétienne, la tradition toute dans les mains du clergé. Or, Dagobert, malgré ses largesses envers saint Denis, envers saint Martin, n'est tenu qu'en médiocre estime par la remuante, grouillante population des moines et des clercs de tout rang. Dagobert, il est vrai, a donné beaucoup, par millions, à des églises et à des couvents, mais il n'a pas voulu que ces établissements ecclésiastiques pussent être au-dessus des lois, il leur a repris les *bénéfices*, ces fiefs viagers qui devaient revenir au roi à la mort de leurs titulaires et que les titulaires léguaient volontiers aux églises, payant ainsi presque en fausse monnaie leur bienvenue en Paradis. Il n'a pas laissé les évêques fouler aux pieds les lois, et il n'a pas voulu que ces formidables serviteurs de Dieu fussent les maîtres de tous et de tout.

Cependant, pensait l'Église, il ne fallait pas décourager pour l'avenir les futurs créateurs de quelques nouveaux Saint-Denis ; personne ne ferait assurément plus de pieuses fondations, si le fondateur de la plus illustre basilique du monde chrétien, consacrée par le Christ lui-même, s'en allait tout droit en enfer comme un juif de Cahors ou un païen du pays de Frise. Admirons ici, sans restriction, l'habileté avec laquelle les clercs de cette époque barbare se tirèrent de ce mauvais pas. Écoutez plutôt la légende.

Il y avait dans les îles Lipari, près du volcan Stromboli, regardé comme une des bouches de l'enfer, un pieux cénobite qui vivait là depuis longtemps, loin des bruits du monde. Une nuit, un fantôme à cheveux blancs le réveille et lui ordonne de prier pour l'âme du roi Dagobert qui vient de trépasser. Le solitaire se met en prière ; et bientôt il voit apparaître sur la mer une barque fantastique, remplie de spectres effroyables, de démons hideux, tourmentant, frappant à coups de fourche une figure humaine chargée de fers. La barque faisait force de rames et allait atteindre le Stromboli ; la figure humaine, qui n'était autre que l'âme captive de Dagobert, se débattait, invoquait à grands cris saint Denis, saint Martin et saint Maurice. Un nuage apparaît dans le ciel, la foudre gronde et en guise d'éclairs se précipitent du nuage les trois saints invoqués ; ils sont vêtus de blanc, armés d'épées flamboyantes. Une bataille a lieu entre eux et les démons ; enfin, les saints triomphent de leurs adversaires infernaux et remportent au plus haut des cieux l'âme délivrée de Dagobert[1].

On voit par ce pieux récit combien il est utile de se faire à beaux deniers des amis dans le paradis ; saint Denis, saint Martin sont reconnaissants, n'oublient pas ; on peut, en toute sûreté, se confier à eux. Mais, à côté de cela, on voit également qu'en imitant Dagobert on joue un jeu dangereux : un moment de distraction de saint Denis ou de saint Martin, une colérique intervention de saint Hilaire par exemple, dépouillé pour enrichir saint Denis, et l'âme tremblante du malheureux Dagobert plongeait aux feux éternels.

Mais, sans nous préoccuper davantage de la damnation ou du salut de Dagobert, jetons un coup d'œil sur son règne, examinons son caractère, ses actes, ce qu'il fut et ce qu'il a fait. Son principal mérite, à lui comme à la plupart des grands hommes, c'est de ne pas avoir été de son temps ; le progrès, ce n'est jamais que la réalisation de ce qu'on regardait auparavant comme de vaines utopies ; les réformateurs, les grands martyrs des idées, deviennent même promptement des retardataires. Eh bien ! Dagobert était, lui aussi, du moins sous certains rapports, bien en avant de ses contemporains. Il avait, en ces temps de désordre et d'anarchie, de force brutale et de sauvage enivrement, l'instinct de l'ordre, la passion du droit et de la justice. Voyons-le d'abord comme législateur, comme organisateur. Sa réforme législative[2], passée presque inaperçue, est un des grands actes de notre histoire. Notre droit date de Dagobert et, sans ses jurisconsultes, on n'aurait jamais rien connu de ces diverses lois rédigées, révisées par ses soins et grâce auxquelles les sujets de la monarchie franque furent jugés d'après des lois fixes, connues de tous, et soustraits à l'arbitraire des juges.

Mais les lois ne sont rien, si elles ne sont pas rigoureusement appliquées, et, pour y tenir la main, il fallait, avant tout, un pouvoir central solidement établi, capable de se faire respecter par toutes les autorités locales plus puissantes qu'elles ne furent jamais, en ces temps où' les : communications étaient rares et presque impossibles pour les humbles et les malheureux. Dagobert, en ces

---

1 Cette légende est représentée en sculpture sur le tombeau de Dagobert, à Saint-Denis, tombeau du reste très postérieur au septième siècle, et probablement du temps de saint Louis.
2 Il est également certain que la plupart des capitulaires attribués à Charlemagne, du moins ceux qui ont pour objet des décisions légales, des arrêtés législatifs, sont l'ouvrage de Dagobert et de ses jurisconsultes. Charlemagne ne fit que les remettre en vigueur, et que les rendre légèrement ridicules par le voisinage de ses capitulaires personnels concernant la vente de ses légumes et de ses œufs, préoccupation qui nous paraît, quoi qu'on en ait dit, peu convenable pour l'héritier des Césars.
Nous avons expliqué que le propre de la législation mérovingienne, c'était de permettre le rachat de tous les crimes à prix d'argent. Il ne faudrait pas s'imaginer cependant qu'il n'y eut jamais d'exécution ; dans les cas graves, les rois avaient parfaitement le droit de punir de mort, et personne ne s'en formalisait. Souvent même les rois accomplissaient de leur propre main ces actes de haute justice.

circonstances, agit comme un véritable souverain moderne ; il détruit ces mairies de palais qui créaient dans chaque royaume franc une puissance distincte, indépendante, facilement rebelle au pouvoir central du roi, et par suite facilement docile à toutes les influences locales, aux volontés des leudes et des évêques que les maires devaient chercher à intéresser à leur conservation. Donc, les maires du palais tombent et sont remplacés par un véritable ministère ; on ne voit plus, comme on l'avait déjà vu, comme on le verra après lui, un seul homme tout diriger à sa guise, armée, finances, gouvernement, affaires d'église. Le ministère de Dagobert ressemble à un cabinet de nos jours, avec cette seule différence qu'il devait durer plus longtemps : Æga est chargé de l'intérieur, Éloi des finances, le premier chapelain ou l'*apocrisiaire* n'est autre qu'un ministre des cultes et de l'instruction publique ; le grand référendaire Audoïn, garde du sceau du roi, est à la tête de la justice.

Mais cette centralisation du pouvoir autour de lui ne suffit pas à Dagobert ; il veut voir par lui-même ; les voyages qu'il entreprend n'ont pas pour but des chasses ou des plaisirs ; tandis que Charlemagne se contentera d'envoyer par ses États ses célèbres *missi*, Dagobert parcourt lui-même ses royaumes ; s'arrête dans les villes, non pour prendre part à des banquets ou pour écouter des flatteries, mais pour rendre justice à tous ; Frédégaire lui-même est forcé de le reconnaître : Dagobert ne mange pas, ne dort pas, tant qu'il y a une injustice à réparer, une souffrance à consoler.

C'est d'après les soins donnés à l'instruction publique qu'on peut reconnaître, pour le passé comme pour le présent, les gouvernements vraiment amis du progrès et du peuple ; eh bien ! nul prince, eu égard au temps où il vivait, ne s'occupa davantage de répandre la science autour de lui. Sans parler du rétablissement des écoles de Trêves ou de Metz, ces fameuses écoles palatines que l'histoire s'entête à dire créées par Charlemagne, c'est Dagobert qui les a fondées. Cette académie du palais, cette œuvre prétendue de Charlemagne qui savait à peine lire, pas du tout écrire et qui signait son nom comme un chef sauvage, avec un cachet trempé dans l'encre, c'est Dagobert qui l'a établie, non pour s'occuper d'ineptes discussions théologiques ou grammaticales, non pour s'affubler de ridicules pseudonymes, mais pour revoir avec lui toutes les lois, toutes les coutumes de son empire. Certes, on n'aurait pas discuté dans la grande salle du palais de Clichy les byzantines minuties de la théologie, mais on y travaillait, pendant des mois et des années, à coordonner, à réviser, à mettre un peu d'accord les soixante-douze livres de la loi salique, les quarante livres de la loi ripuaire, les quatre-vingt-dix-neuf livres de la loi alémanique, les vingt et un livres de la loi bavaroise, les quatre-vingt-neuf livres de la loi Gombette, les nombreux paragraphes du Bréviaire d'Anien et les titres sans nombre du code romain.

Dagobert a un autre mérite ; il n'aime pas, bien différent en cela des princes barbares, la guerre pour la guerre, il la fait quand il le faut, et il tâche de la bien faire. Frédégaire déclare qu'il s'occupa beaucoup de la discipline de l'armée ; il avait d'ailleurs avec lui, pour l'aider dans ses réformes militaires, un tacticien de premier ordre, Chadoinde, élevé à l'école du célèbre Mummolus, cet heureux général du roi de pieuse mémoire, Gontran de Bourgogne. Mais il ne cherchera pas, à l'exemple de tous les rois ses contemporains, les premiers prétextes venus pour tuer et pour piller. La guerre pour lui est une affaire grave, le sang humain vaut quelque chose ; nous le voyons toujours, avant de se lancer dans une expédition, envoyer des ambassadeurs, tâcher d'arranger diplomatiquement les différends. C'est un esprit calme, raisonnable ; il sait oublier quand il le faut et pardonner quand il le doit ; on l'a vu dans sa conduite avec Sudragésile, nominé duc en Aquitaine ; c'est bien le cas de dire que le roi Dagobert ne se souvenait pas des injures faites au fils de Clotaire.

Abordons maintenant le chapitre plus scabreux de sa, vie privée. Sous le rapport des mœurs et de la fidélité conjugale, Dagobert a joui jusqu'ici de la plus déplorable réputation. Ce qu'on admire presque chez Louis XIV, ce qu'on passe en souriant à Henri IV, ce qu'on tolère chez saint Charlemagne, accusé cependant d'être l'amant de ses propres filles, on en fait un crime au pauvre Dagobert. Certes, ce n'était pas un saint, heureusement pour ses sujets, car il est à remarquer que c'est sous le règne des princes canonisés que les peuples ont le plus souffert. Charlemagne laisse son empire épuisé par des guerres incessantes contre les Saxons qui ne veulent pas être chrétiens, et prépare ainsi l'invasion des Normands ; saint Louis, par ses malheureuses croisades où il fut constamment battu, affaiblit tellement la France qu'il semble avoir eu pour but d'amener les désastres de la guerre de Cent ans. Non, très heureusement, Dagobert n'était pas un saint ; c'était simplement un bon roi, qui ne demandait qu'à être heureux et qu'à rendre les autres heureux comme lui. Frédégaire va trop loin quand il déclare que Dagobert avait trois reines et tant de maîtresses que lui, Frédégaire, ne pourrait même pas en donner la liste. Il ne cite, en somme, outre Nanthilde, que deux reines, Vulfégonde et Berchilde. Ces deux femmes n'ont jamais été reines ; peut-être ont-elles été les maîtresses passagères de Dagobert. Que voulez-vous ? Dagobert était homme et fragile comme beaucoup d'hommes, d'hommes des temps mérovingiens, voulons-nous dire.

En tout cas, Dagobert n'a jamais eu que deux femmes légitimes, et encore pas à la fois. La première, Bertrade, avec laquelle il divorça, lui avait été imposée, pendant sa jeunesse, par son père et sa marâtre, c'était la tante de Caribert, la sœur de ce duc Brodulphe qui complotait la mort de Dagobert ; de plus, elle était stérile, grave reproche aux yeux des Francs, et personne, sauf saint Amand, ne le blâma de l'avoir répudiée. Sa seconde femme, sa vraie femme, Nanthilde, qu'il avait choisie, aimée, resta toujours auprès de lui ; nous la voyons à son lit de mort, et lui, à ce moment encore, s'occupe d'elle, s'inquiète de son avenir. Il ne lui avait pas toujours été fidèle, mais évidemment elle lui avait pardonné ses légèretés, et il ne nous appartient pas d'être plus difficile en ces matières que la principale intéressée. Nanthilde est donc sa seule femme légitime, et la preuve la plus évidente se trouve dans Frédégaire lui-même. Nanthilde, en qualité d'épouse légitime, eut un tiers des trésors de Dagobert, les deux autres tiers revenant aux deux fils, Clovis et Sigebert ; s'il y avait eu d'autres reines, elles seraient, comme Nanthilde, venues au partage de la succession de leur époux.

En résumé, il résulte de tout ceci que Dagobert n'eut jamais qu'une femme légitime à la fois ; qu'il eut peut-être quelques maîtresses, mais encore faut-il ajouter qu'il n'y en a qu'une dont l'existence soit bien prouvée, Ragnetrude, mère du roi Sigebert ; et le roi avait pour excuse, à l'époque où il la connut, outre la coutume qui permettait légalement d'avoir des concubines, la crainte de ne pas avoir d'héritier et de voir s'éteindre sa race.

Ce qui a peut-être beaucoup contribué à faire accuser notre héros d'incontinence, c'est la splendeur de sa cour. On n'était plus habitué à voir briller dans les villas royales le luxe des anciennes cours impériales ; quand, au lieu d'une assemblée de sauvages antrustions, ruisselant de beurre rance et de graisse, tels qu'étaient les compagnons des premiers rois francs, on vit s'asseoir à la table de Dagobert des femmes parées, souriantes, les filles d'honneur de la reine, on tomba dans la même erreur que les premiers voyageurs européens prenant pour les femmes 'd'un Turc toutes les servantes attachées au service de son harem. En outre, il y avait du temps de Dagobert des personnages fort rigides, les disciples de saint Colomban, les chorévêques, les solitaires ; tous ces braves gens s'indignaient facilement, ménageaient peu leurs expressions ; dans leur langage trop fidèlement tiré de l'Ecriture, une femme un peu parée devenait une courtisane ; un sourire, un péché ; un regard, de la concupiscence. Pour ces naïfs esprits, à peine sortis de leur village, ignorants des choses du monde, éblouis d'un luxe qu'ils ne soupçonnaient même pas, la villa de Clichy se transformait en Babylone ; et le bon roi Dagobert, souriant, causant avec les dames à sa table resplendissante de lumière, d'or et d'œillades féminines, apparaissait à leurs yeux scandalisés comme un véritable Nabuchodonosor.

Au dixième siècle, où l'on se souvenait encore de Dagobert, on le jugeait plus sainement. Il était, dit Aimoin, doux aux paisibles, terrible aux rebelles et aux traîtres, bon pour les bons, furieux contre les méchants ; et, à la guerre, il brillait entre tous par le génie comme par la valeur.

Au dix-neuvième siècle, les choses ont changé ; la figure du grand Dagobert s'est effacée, comme noyée sous ce flot montant toujours de rois nouveaux, de Carolingiens, de Capétiens, de Valois, de Bourbons, d'Orléans. Le nom du fils de Clotaire n'est plus, comme autrefois, synonyme de vaillance, de justice, de grandeur ; les fanfares de l'histoire ne sonnent plus en son honneur, et le peuple lui-même aurait oublié son vieil ami Dagobert, si, parfois, un soir de fête, ne le rappelait à sa mémoire l'écho mourant d'un cor lointain.

FIN DE L'OUVRAGE